김정권의 김해 한 바퀴

김정권의
김해 한 바퀴

김정권 지음

도서출판 신정

▌ 여는 글

'김해 한 바퀴'는 김해 마을의 역사 문화 인물을 직접 찾아보고 그 기록을 남기는 모임이다. 이는 김해에 터를 두고 살아가는 '우리'의 가치를 재고하기 위해 결성되었다.

나는 뜻을 같이 하는 여러 사람과 함께 김해를 돌며 마을 이야기, 김해 사람의 삶을 공유하고, 그것을 글로 남기고 싶었다. 김해 불암동과 삼안동, 활천동, 부원동, 동상동, 회현동, 내외동, 주촌면, 장유 1, 2, 3동, 생림면, 한림면, 진영, 진례면, 대동면, 상동면, 서부 칠산동 마을을 걸어 다니며, 땅에 얽힌 스토리와 문화유산을 탐방하고 아카이빙(archiving) 하여 지속적으로 문집을 엮어 낼 생각이다.

본 서적은 '김해 한 바퀴'의 나아갈 방향을 제시하는, 맛보기 형태의 글이라 할 수 있다. 누구나가 다 김정권의 '김해 한 바퀴'에 동참해, 김해를 알아가고 지역민과 어우러져 역사문화 현장을 탐방하는데 동참할 수 있다.

발전하는 김해를 이끄는 모임 '김해 한 바퀴'의 발자취에 당신을 초대합니다.

2024년 새해 첫날 새아침에…

목차

여는 글 / 4

1부
김해를 거닐다

1. 관천재(觀川齋) 담화(談話) ················ 11
2. 삼정동 어느 작은 공원에는 ················ 20
3. 김해는 '여성주의'가 꽃핀 고장 ·············· 26
4. 신어산 예찬 ························· 34
5. 진영 한얼중학교를 설립한 민족 교육자 강성갑 목사
   ······························· 41
6. 산해정에서 만난 남명 조식 선생 ············ 62
7. 봉황대 마타리꽃 이야기 ················· 73
8. 내 고향 김해, 그리고 불암동 ·············· 81
9. 문화 - 관광 잠재력을 품은 봉황동 ··········· 91
10. 역사 문화의 보고 동상동 그리고 연화사 ······· 96

2부
김해의 미래를 생각하면서

1. 가야고분군 세계유산 등재 추진 ·················· 103
2. 세계문화유산 등재의 밑그림 그린 김정권 ········· 110
3. 가야고분군 잠정목록을 넘어 등재유산으로 ········ 115
4. 김해의 미래 경제, 양적 성장에서 질적 성장 ······· 123
5. 창조경제의 신성장 동력 스토리텔링 ················ 132
6. 허황후 스토리텔링 ································ 140
7. 스토리텔링 도시를 향한 과제 ····················· 146
8. 역사·자연·시민이 어우러진 창조도시 ············ 155

3부
김해 사나이 김정권

1. 추운 날 태어나서 살기가 추운갑다 ·················· 165
2. 어릴 적 찾은 삼방동 ································· 170
3. 눈물로 마감한 가을 소풍날 ························· 175
4. 낡은 일기장 ··· 180

• 문화 엽서 / 185
• 발행인의 말 / 190

1부 김해를 거닐다

김해읍성 북문 '공진문' 경남 김해시 분성로 335번길 44

1. 관천재(觀川齋) 담화(談話)

(제1회 김해 사충신의병 문학상 전국 공모전
－수필 부문 최우수 당선작)

"이 건물은 뭡니까?"
 아들이 어릴 때 살았던 삼방동의 신어천 주변 거리를 함께 걷다가 【관천재(觀川齋)】라는 한옥이

보이자 아들이 나에게 던진 물음이다.

"너는 임진왜란에서 유명한 의병장으로 누구를 알고 있는데?"

그 질문에 평소 역사에 관심이 많던 아들은 자길 무시 하냐는 표정으로 홍의장군 곽재우를 시작으로 사명대사, 고경명, 김언륜, 정문부 등을 나열하기에, '그렇지만 최초의 의병장은 송빈(1542-1592), 이대형(1543-1592), 김득기(1549-1592), 류식(1552-1592)이라는 '사충신(四忠臣)'이 있고 임란 당시 최초의 의병장이었다.'고 했고 그렇게 부자간의 토론은 더 깊어졌다.

김해에는 자랑스러운 인물들이 많이 배출된 곳이다. 고향이 김해는 아니지만 오늘 날 정신적으로 경남과 김해에 큰 족적을 남기신 '남명(南冥) 조식(曺植)' 선생께선 처가인 김해에서 장년 시절을 보내셨다. 선암다리에서 대동면으로 가다 보면 수안리(주부동)라는 마을 산기슭에 【산해정(山海亭)】을 짓고 '안으로 밝히는 것이 경(敬)이요, 밖으로 결단하는 것이 의(義)다. 이른바 경(敬)으로써 수양하고 의(義)로써 실천한다.'는 '경의사상(敬義思想)'을 바탕으로 후학을 지도하며, 당대의 석학들과 시문강론(詩文講論)을 이어온 남명의 영향을 많이 받아온 곳이 김해다. 남명의 가르침을 받은 제자 곽재우 장군을 비롯해 50여 명이 임진왜란이 일어나자 의병장이 되어 지역을 사수한 사실은 우리가 많이 알고 있다.

그래서 왜군이 부산에서 서부 경남으로 가는 길에 김해를 거쳐 가는데 김해성 전투에서 겁에 질려 도주한 김해부사를 대신하여 남은 병사를 수습하여 싸우다 순절한 사충신도 남명의 경의사상의 영향이라는 이야기로 이어졌다.

담화를 나누다가 김해의 사충신 중 이대형의 후손들이 건립한 관천재를 지나다가 재령 이씨들의 독특한 이력이 떠올랐다. 이대형의 선조 '이오(李午)'는 고려 말 진사로서 이성계가 위화도 회군하여 조선을 건국하자 함안에서 고려동(高麗洞)을 짓고, 그 담장 안에서 자손들에게 '담장 밖은 조선이니 고려동 안에서 생활하라'는 유언을 남겼고, 후손들은 수백 년간 지켜왔다는 전설 같은 이야기가 살아있다. 현대에 와서는 특임 장관을 지낸 '이재오' 국회의원, 그리고 김해 삼방동 출신인 정보사 소장으로 예편한 '이병조' 장군, 이런 분들도 재령 이씨다.

아들과의 토론은 삼방동의 마을 이름 유래까지로 이어졌다.

이대형이 왜군과 싸우다 사망했다는 소식을 듣고 아들 '이우두'가 김해성으로 들어가 싸우다 죽고, 이대형의 조카 또한 왜군에 저항하다가 못에 몸을 던져 자결했다. 이대형의 충정, 아들 이우두의 효행, 조카 이씨의 열행, 모두가 삼방동에서 나와 선조 임금이 삼강(三綱)의 꽃다운 인물이 배출되었다고 하여 '삼방(三芳)'이라는 이름을 하사하며 삼방이라는 지명이 탄생한 것이니 이 유래를 아는 지역민의 자긍심은 지금도 이어져 오고 있다.

그리고 아들이 물은 관천재는 그 후손들이 고향

신어천 변에 건립한 이대형의 호(號)인 관천재에서 딴 건물이다.

잃어버린 나라보다 더 슬픈 것은 잃어버린 역사다.

김해는 우리가 기억해야 할 일이 많다.

오래전에 향토사 교육의 소중함을 알자는 신문에 칼럼을 쓴 적이 있었고, 지역 학교에서 향토사 교육이 필요하다는 제언을 한 적도 있다. 그 영향 탓인지는 모르지만 당시 김해 교육청(이진규 교육장)에서 【가야의 얼: 김해의 뿌리를 찾아】 책을 발간하여 보급한 적이 있었다.

지금도 김해의 젊은이들이 경(敬)과 의(義)를 이해하고 김해의 역사 문화의 관심과 실천이 선행되어야 한다는 생각을 하며 나는 관천재에서 김해를 지켜온 영웅호걸과 대화를 하고 허우적거리는 나에게 이렇게 살아도 되는 걸까? 이렇게 세월을 보내도 되는 걸까? 텅 빈 주먹 몰래 쥐어보며, 사충신을 기리는 송담서원(松潭書院) 방향을 바라본다.

역사

김정권

신어산 숲속 산기슭에는
욕된 역사의 상흔이 있다

피고름의 아픈 상처를
참아낸 늙은 소나무는
오늘도 해맑은 미소로
산인을 맞는다

따뜻한 봄날
승려 상인으로 위장한
그들이 시작이었다

산사의 죽비소리 듣지 못했다면
그날의 도륙도 잊고 있었을 것이다

파죽지세 혼비백산
오금이 저려왔다
사시나무 된 김해부사를 탓하랴

송빈, 이대형, 김득기, 류식
최초의 의병장 사대문 안으로 모여들었다

산천도 말없이 눈물짓고
하늘마저 소리 없이 비를 내렸다

땅이 보았다
하늘이 보았다
산천이 알고 있다
김해성을 지켜라
김해성을 사수하라

이제는 아주 먼 옛 이야기가 된
사충신의 무용담
431년 전 그날의 뜨거운 함성이 들려온다
산 울음소리가 되어 온 산야를 파고든다

김해성을 지키자
김해성을 지키자
성을 지켜야만 백성이 산다

2. 삼정동 어느 작은 공원에는

 삼정동 어느 작은 공원에는 매년 12월 12일에 사람들이 모인다. 김해 삼정동의 삼정중학교와 삼성초등학교 사이 소공원의 골목길을 지나다 보면 작지만 당당한 모습의 젊은 청년의 흉상이 세워져 있다. 그리고 매년 12월 12일만 되면 활천동 주민들은 그 골목길에 모여 그 청년을 추모한다.

 흉상의 청년은 김오랑(1944-1979) 중령으로 12·12사태에서 순국(殉國)한 참 군인이다. 그는 1944년 경남 김해군 김해읍 출신으로 삼성초, 김해중, 김해농업고와 육사를 졸업한 후 1970년 맹호부대 소속으로 베트남 전에 참전, 그 후 1974년 육군 특전사령

부 제3공수특전여단 중대장을 시작으로 특전사 작전장교, 정보장교를 역임 후 육군대학에 입학 후 졸업하였다. 졸업 후에는 특전사 제5공수특전여단

중대장에 보임되고 1979년에는 육군 특전사령관 정병주 장군의 비서실장으로 발탁되는 등 전문군인으로서 살아간 그였다.

진짜 군인이었던 그는 1979년 12·12 군사반란 당시 정병주 특전사령관을 불법 체포하기 위해 들어온 신군부측을 용납할 수 없어 홀로 권총 한 자루

로 맞서 교전하였으나, 결국 자정을 넘긴 13일 오전 0시 20분경 M16소총 6발을 맞고 순국하였다.

순국 당시 35세로 계급은 소령이었으나, 사후 1990년에 이르러 중령으로 추서되며, '김중령'으로 불리게 되었고, 2014년 4월 1일 특전 사령부 연병장에서 보국훈장 삼일장이 추서되었다. 같은 해 6월 6일에는 활천동 주민자치위원회가 중심이 되어 산책로 옆 잔디밭에 김중령 흉상을 세우면서 활천동 주민들도 매년 김중령을 추모하기 시작한 것이다.

김오랑 중령의 아내 백영옥 여사는 남편의 순국에 충격을 받아 시 신경이 마비되어 실명이 되었는데, 나는 1990년 김해에서 강연을 요청하고자 부산 영도 백영옥 여사의 집에 방문한 적이 있었는데, 당시 백영옥 여사께서는 실명으로 어렵다며 음성 녹음만을 허락해 주어 내가 음성녹음과 함께 대신하여 강연한 적이 있었다.

활천동 도심 속 오솔길 - 삼성초~삼정중 사잇길

그 후 백 여사께서 군사 반란군을 상대로 민사 소송을 진행하던 중 1991년 6월 28일 자택 3층에서 실족사 했다는 소식을 듣게 되었을 때, 내게 큰 충격과 비통한 기억으로 남게 되었고, 이는 내가 국회의원이 되고 난 후, 고(故) 김오랑 중령의 명예회복과 참군인의 모습을 기리기 위해 정부에 무공훈장과 흉상제막을 건의하고 대표 발의한 이유 중 하나가 되었다.

 이런 김오랑 중령의 흉상이 세워진 장소에는 작은 공원의 오솔길이 있다. 공원의 화단에는 느티나무, 회화나무, 사철나무, 영산홍, 산철쭉 그리고 사철 내내 푸른 오죽도 심어져 있는데 오솔길은 130m 정도의 짧지만 여기에는 김해의 인물이요. 참 군인의 길을 걸어가신 분의 스토리가 있어 신어천과 함께 김해 한 바퀴의 코스로 추천한다.

3. 김해는 '여성주의'가 꽃핀 고장

허황후릉 - 경남 김해시 가락로 190번길 1

2천 년 전 허황후의 양성평등의식

저는 여성들에게 강연이나 강의할 기회가 있을 때 『삼국유사』의 '가락국기'를 즐겨 소재로 사용합니다. 특히 수로왕과 허황후가 등장하는 가락국 개국초기의 기록은, 우리에게 많은 것을 가르쳐 줍니다. '하늘이 내려준' 수로왕이 토착민들을 무력으로 제압하지 않고 족장들의 추대로 왕위에 오른 점은 민주정치의 전형(典型)입니다. 2천년 후인 오늘날에야 우리가 화두로 삼고 있는 '페미니즘'이, 가락국에서는 이미 실현되었습니다. 호주제(戶主制)폐지도 마찬가지입니다. 당시에 벌써 두 아들에게 어머니의 성(姓)을 물려주었으니 '역사는 발전하는 것이 아니라 순환하는 것'이라는 말이 맞는지도 모르겠습니다.

페미니즘의 관점에서 보면, 김해는 특별한 고장입니다. 우리나라 페미니즘의 발상지 혹은 최초 실현지라고 해도 틀리지 않을 것이다. 역사에 남을 '여걸'들도 여러 명 있었다.

그 가운데서도 가장 빛나는 인물은 허황후입니다. 가락국 시조 수로왕의 왕비라는 지위뿐만 아니라, 의식과 사상이 돋보이는 여성입니다. 김해 허씨의 시조가 바로 허황후입니다. 성씨제도가 있는 수많은 민족 가운데, 여성을 시조로 해서 계보가 정확히 전해지는 세계 유일의 경우입니다.

허황후는 열여섯 살에 수로왕께 시집와서 158살까지 살면서 아들을 열 명 낳았습니다. 여덟 왕자는 김씨가 됐지만, 남편인 수로왕에게 "만리타국에서 시집와서 당신이 나라를 일구는데 이만큼 기여했으니, 두 아들에게는 내 성을 물려주도록 해 달라"고 요구했다고 합니다. 얼마나 당당합니까. 현대 여성으로서도 쉽지 않은 일입니다. 물론, 2천 년 전에 이미 '호주제 폐지'를 받아들인 수로왕의 대범함도 느껴집니다.

허황후의 당당함과 분명한 자아의식을 읽을 수

있는 일화는 수없이 많습니다. 멀리 인도에서 배를 타고 지금의 용원 바닷가에 도착했을 때, 마중을 나간 사람들은 가락국을 구성한 아홉 부족의 촌장인 구간(九干)입니다. 지금으로 치면 총리 이하 전 내각이 출동한 셈입니다.

그런데도 허황후는 "내가 어찌 얼굴도 모르는 그대들을 쉽사리 따라 가겠는가"라며 배에서 내리기를 거부합니다. "수로왕이 직접 와야 따라 가겠다"는 기세 싸움입니다. 천하의 수로왕도 결국은 명월사(지금의 지사리 과학단지)까지 나가서 장막을 치고 기다립니다. 허황후는 등장부터가 그렇게 당찬 모습이었습니다.

또 한 가지, 고대 국가의 왕릉을 보면 왕과 왕비는 합장을 하든지, 아니면 왕비릉의 소재지가 분명하지 않은 경우가 많습니다. 그런데 허황후릉은 수로왕릉과 한참 떨어진 구산동에 있습니다. 이유가 무엇일까요? 금슬이 안 좋아서? 아닙니다. 수로왕은 왕비보다 열 살 연하였는데, 왕비가 먼저 세상을 떠나자 밥맛을 잃고 그리워하다가 10년 만에 붕어했습니다. 당연히, "내가 죽으면 아내 곁에 묻어 달라"고 했을 법 합니다.

그런데도 능을 따로 만든 데는 사연이 있습니다. 구전에 따르면, 허황후의 유언 때문이었다고 합니다. "내가 누나인데도 평생 당신을 받들고 살았으니, 죽어서라도 당신보다 높은 데 묻히고 싶다"고 했다는 것입니다. 그래서 왕비릉은 언덕 위에, 왕릉은 평지에 만들었다는 것입니다. 그 이후 김해에서는 남성보다 여성들의 기개가 더 높아졌다고 합니다.

물론, 특별한 의미를 부여할 일은 아닙니다. 설화(說話)를 바탕으로 하고 있고, 우연의 일치일 수도 있습니다. 하지만, 허황후의 열린 사상과 남자들에

기죽지 않은 당당함은 배울 필요가 있습니다.

 그런 자신감은 '능력'과 '의지'가 받쳐 주어야만 발휘할 수 있습니다. 컴퓨터 같은 첨단기술이 발달하면서, 인간성의 황폐화가 문제되고 있습니다. 21세기는 오히려 과학의 시대가 아니라 인간성과 감성의 시대, 남성의 시대가 아니라 여성의 시대를 지향하는 경향이 높아지고 있습니다. 그러나 여성성만을 지닌 여성, 혹은 대장부형 여성이라는 이분법적 사고가 아니라, 인간으로서의 여성, 능력자로서의 여성이 되어야 합니다. 능력을 갖추었다 하더라도 아직은 우리 사회가 여성에 대해서 폐쇄적입니다. 속된 말로, 남자들끼리 놀고 여성은 잘 '끼워주지' 않으려고 합니다. 그러나 저는 지방선거 공천 과정에서 여성을 우대했습니다. 여성들은 남성 후보들에 비해서 상대적으로 높은 도덕성을 갖추고 있습니다. 이권개입이나 부정비리의 가능성이 낮은 점, 남성들보다 미시적인 안목과 감성

등 장점이 많습니다. 필요한 수준의 자질만 되면 인센티브를 부여한다는 방침을 밝혔고, 그렇게 했습니다.

2천 년 전 허황후가 바닷길을 건너와 배를 대었던 용원 일대가 신항으로 개발되었습니다. 신항 배후도로와 배후철도가 건설되고, 이 길들이 뻗어 올라가 개성 - 신의주를 거쳐 시베리아 대륙을 횡단하고 유럽으로 향하는 거대한 프로젝트가 추진되고 있습니다. 2천 년 전 동북아의 중심 무역항 역할을 했던 가락국, 신라 때 장보고가 바다무역을 통해 해상왕국을 구축했던 역사가 되살아나고 있는 것입니다.

김해가 역사의 중심에 설 때 그 역사의 중심에는 여성들이 있었다는 사실을 기억하면서, 뒤를 돌아볼 때는 자부심을, 앞을 내다볼 때는 열정과 비전을 가진 김해여성들이 되어주기를 당부합니다.

김해 파사석탑 - 김해시 가락로 190번길 1

4. 신어산 예찬

 김해는 가락고도로서 가야문화의 발상지요, 오래된 미래도시이다.

 부산시에서 김해로 오는 관문인 선암다리를 넘어오면 이곳이 오래된 전통의 도시 임을 상징적으로 나타내는 <가락고도> 탑비가 길가에 우뚝 서있다. 김해를 가락 고도라고 부름은 서기 42년 김수로왕이 이 지역 아홉 촌장의 추대로 가락국왕이 되어 5백년간 왕국으로 존속되면서 시작 되었다.

 선암다리에서 김해중심으로 들어오다 보면 오른편에 병풍처럼 펼쳐져있는 김해의 영산 <신어산>

이 있다. 처음 김해를 찾아오는 사람들에게는 이 산에 얽힌 사연과 전설을 알려면 다소 설명과 시간이 필요하지만 토착민들에게는 생활 속에서 마음을 감동시키는 선조들의 영웅담과 전설 같은 이야기를 접하고 있다. 언제부터였던가? 가까운 벗의 제의로 산책길 나서듯 신어산 정상에 오르게 되었다.

언제나 신비로움을 느끼게 하는 신어산은 그 이름과 산의 모습에서 역사가 전하는 숨결이 성스럽기만 한곳이다. 해발 630.4m의 산행을 시작하면 제일 먼저 가락불교를 상징하는 고찰 은하사가 그 자태를 뽐내며 자리 잡고 있다. 서림사라 불리는 이 절의 주변에는 우람한 고목들이 삶에 찌든 우릴 산림욕으로, 사색 길로, 최고의 숲길로 안내 해 준다.

피톤치드를 내 뿜으며 우릴 치유해 주는 이 숲속의 나무들을 자세히 보면 성한 곳이 제대로 없는 조선 소나무로 이 강토 이 산하를 할퀴고 간 욕된 역사의 상처(일제강점기 소나무의 송진을 채취한 자국)임을 금방 알 수 있다.

모든 인고를 겪은 어머니의 갈쿠리 손 같은 솔들을 보며 뭉클 하는 모정에 대한 정이 뜨겁게 전해져 옴을 느낀다. 서림(西林)이라함은 서역불교(西域佛敎)의 번성을 기원하는 뜻이요, 동림(東林)이라함은 가락국의 안존과 번영을 염원하는 뜻이라 했던가. 사찰주변의 솔들은 기품부터 다르다. 하늘을 찌를 듯 솟아있는 솔밭은 재충전의 쉼터요 힐링의 공간이다. 이 솔 내음의 향기 따라 가다보면 겨울에는 잡목림이 앙상한 가지만 드러내 놓고 있다. 가파란 돌길을 땀 흘러 재촉하면 영구암에 이른다. 주위의 깊은 골짜기는 이내가 감돌고 뒤뜰에는 큰 바위들이 병풍처럼 늘어져 아늑한 기분을 느끼게 한다. 희

뿌연 안개가 신비로움을 더 하며 둥둥 떠다닐 때 바위에 걸터앉아 가까운 벗들과 정담이라도 나누노라면 구름위의 신선이 되어 무아지경에 빠지게 마련이다.

우뚝 솟은 기암괴석과 자연속의 조그마한 암자 뒤로 돌아 마지막 급경사 길을 허위 단숨에 오르면

이 산의 정상 영봉(靈峰)이 어느새 마중 나와 있다. 천년세월을 외로이 그 신비로움을 간직한 채 고고해 보이는 영봉에서 금능팔경(조선시대 후기에 김해읍을 중심으로 경관이 빼어난 팔승지)을 둘러본다. 현대 문명의 발달로 옛 경관

은 흔적만 남기며 사라지고 있지만 그 아름다움은 우리의 숨결과 같이 살아 있다.

 신비로운 물고기가 살고 있었다는 신어산은 포용력이 있다. 마음이 넉넉한 산은 모든 인간들을 너

그럽게 받아들이는 대인의 모습으로 우릴 언제나 품어주는 어머니 품 같은 포근함이 있다. 정상을 내려오면서 영구암자의 냉수 한 바가지로 몸속을 세척하며 다람쥐(청설모)의 안내를 받으며 현실의 세계로 돌아온다. 김해의 영산이요, 주산인 신어산은 천년 세월 속에서도 변함없이 우릴 맞이하고 있다.

 신비로운 물고기 신어가 노닐던 신어천은 폐수천이 되어가고 하루가 다르게 변하고 있는 도시 구조물은 경제 활동에 바쁜 인간에게 편리함을 주고 있지만 무엇인가 잃어버린 듯한 허전함은 무엇 때문인지 모르겠다.

5. 진영 한얼중학교를 설립한 민족 교육자 강성갑 목사

  조선 후기에 실학자(實學者)들을 중용하고, 실학(實學)을 중시하고, 어려움을 해결하였다면 일제강점기 같은 안타까운 사태도 겪지 않았을 것이라고 보는 사람들도 많다. 여기서 실학(實學)이란 당시 조선에서 교조화 돼가고 있던 성리학의 관념을 벗어나 실사구시(實事求是)와 이용후생(利用厚生) 및 경세치용(經世治用) 등 실생활의 유익을 목표로 한 학문이다. 그리고 전 근대에서도 현실적인 상황을 직면하고 그것을 해결하기 위해 계획하고 추진하던 실학자라고 할 위인이 있으니 바로 진영 한얼중학교 교정에 세워져 있는 강성갑 선생이라고 할 수 있다.

강성갑 목사님

 선생은 1912년 의령군 지정면 오천리 웅곡 마을에서 소작농의 아들로 태어났다. 오천리는 갓등과 주개등이 동 서 북 세 방향을 둘러싸고 남쪽이 열려 있어서 따뜻한 자리다. 예로부터 오동나무가 많아서 이 동네에서 자란 여인이 시집갈 때 오동나무 두세 그루만 베면 좋은 장롱을 만들었다고 전한다. 오목한 지형에 배수가 잘되는 곳이기 때문에 오동나무가 잘 자라는 곳으로 알려져 있다. 옹곡은 수월 서남쪽에 있는데 면 조새지에서 오 리 길이다. 마을은 골 안과 새 터 두 뜸인데 양지바른 남향받이고 뒤로는 부드러운 산줄기가 감싸고 있다. 의춘지(宜春誌)에는 "오천리는 전의이씨가 살고 협동(夾洞)인 옹곡에는 강씨가 산다."라고 기록되어 있다.

선생은 13살에 의령보통학교에 입학하여 6개월을 다니다가 어머니의 교육적 배려로 마산 창신보통학교로 전학하여 17살에 졸업하였다. 당시 보통학교를 졸업한 후 진학할 수 있는 중등 교육기관은 고등보통학교와 동래고등보통학교가 있었지만, 경제적 상황과 지리적 여건 등으로 인해 선생은 마산상업학교로 진학하게 된다. 마산상업학교는 마산지역의 유일한 중등 교육기관이었지만 당시 3년제 을종학교였으므로 상급학교 진학에 어려움이 많았다.

선생은 모친의 영향으로 창신학교 시절에도 성경을 공부하고 예배에도 참석했지만, 본인의 의지로 기독교인이 된 것은 마산상업학교에 입학한 이후 독립마산예수교회에 다니면서부터이다. 이 시기의 신앙생활을 통해 기독교와 교회의 역할 등에 대한 자신의 가치관을 정립하게 되었으며 마산지역의 민족지도자였던 손덕우와 김산 등으로부터 깊은 영향을 받았다.

 마산상업학교를 졸업한 후 일본으로 건너간 선생은 빗, 양말 등을 팔거나 노동으로 생계를 꾸려가며 1년 6개월 정도 학업을 이어가기 위해 노력했으나 결국 뜻을 이루지 못하고 돌아와서 1931년 의령군 지정면사무소에서 근무하게 된다. 6개월 만에 면사무소를 그만둔 선생은 다시 김해군 장유금융조합에 취직하여 1937년까지 5년 동안 근무하셨다. 조선인을 위한 변변한 직장이 없던 일제강점기에 금융조합은 많은 사람들이 선망하던 좋은 직장이었으며 직원들에 대한 대우도 매우 좋았다.

 그러나 금융조합의 설립 목적 자체가 지주층과 독점자본에 기반하여 일본 자본주의의 이해관계를 실현하겠다는 계급적이고 반민족적인 성격을 내포하는 것이었으며 설립 의도 또한 지주제를 유지하고 그것을 근대적으로 제도화하면서 사회혁명 세력으로 커가는 농민층의 불안정성을 일정하게 완화시켜 지배체제를 유지하려는 방법에 불과하였으니 금융조합은 일제의 관치조직이라는 본질적인 한계를 가지고 있었다.

선생은 장유금융조합에 근무하면서 조선 농촌과 농민의 참상을 직접 목격하였으며 호구지책이었을지라도 자신 또한 농촌의 참상에 일정 정도의 역할을 하게 되었다. 이러한 경험을 통해 선생은 식민지 조선 농촌의 현실을 직접 체득하였고 농민에 대한 죄책감과 동시에 책임감을 느끼고 기독교 농촌운동에 참여하게 된다. 장유면 무계리 교회에서 함께 청년회 활동에 앞장섰던 김희도 등의 증언에 따르면 선생은 박봉을 털어 처를 서울 경성보육학교에 보내고 동생을 일본 경도제국대학 공학부에 보내 자신의 생활은 어려운 처지에 있으면서도 밤에는 야간학교를 개설하여 우리말과 글을 가르쳤다고 한다.

선생은 장유금융조합에 근무하던 1933년 평생의 동지 오중은과 결혼한다. 경성보육학교에 재학 중이던 오중은은 결혼 이후에도 선생의 적극적인 후원으로 학업을 계속할 수 있었는데 당시 미국 시카고 셔우드 음악학교를 졸업하고 귀국한 홍난파로부터 음악교육을 받은 뛰어난 오르가니스트(organist)였다. 1935년 경성보육학교를 졸업한 오중은 이번에는 남편이 다시 공부하도록 권했고 선생은 1937년 장유금융조합을 사직하고 연희전문학교 문과에 입학하였다.

오중은 선생이 연희전문학교에 다니는 동안 전남 고흥의 유치원에서 보모로 근무하며 남은 가족들의 생계를 책임졌다. 그래서 선생의 연희전문학교 졸업 앨범에는 주소지가 전남 고흥군 고흥읍 서문리로 기록되어 있다. 25세의 만학도였던 선생은 가정교사 생활을 하며 어렵게 학교에 다녔으나 남다른 신념과 의지로 어려운 환경을 극복해 나갔다.

1941년 연희전문학교를 졸업한 선생은 도시샤대학 문화부 신학과에 입학했다. 도시샤대학 신학과의 학문적 수준은 일본의 신학 논문집인 <기독교연구>를 통해 확인할 수 있듯이 당시 일본 기독교 역사에서 가장 높은 수준을 갖추고 있었다. 행상과 중노동으로 학비와 생활비를 해결하는 등 많은 역경에도 불구하고 선생은 중도에 포기하는 일 없이 꾸준히 공부하여 1943년 9월 도시샤대학 신학과를 졸업하였다.

귀국한 선생은 부산의 초량교회에서 목회를 시작하였으며 조선장로교단 경남교구에서 목사안수를 받았다. 선생이 초량교회 목사로 재직하던 중에 오중은은 교회 부속 유치원에서 아이들을 가르쳤다. 초량교회 담임목사로 있으면서 해방을 맞이한 선생은 교회 안의 일제 잔재를 청산하고 경남노회의 재건을 위해 앞장서는 한편 교사 부족으로 공백 상태에 있는 학교의 어려움을 타개하기 위해 자진하여 경상남도 교원양성소의 교사로 피임(被任)되어 1기생부터 4기생까지 가르쳤다.

선생은 경남노회 재건 활동을 하는 동안 일제의 잔재를 청산하고 새로운 국가 건설에 앞장서야 할 교회가 교권 장악을 위한 교회 정치에 매몰되어 교회의 본래 역할에 충실하지 못한 현실을 목격하고 미국으로 유학을 떠날 준비를 하였다. 그러나 유학을 준비하던 중에 진영교회의 초청을 받아 설교하게 되었는데 교인들로부터 진영에는 공부하고자 하는 학생은 많은데 학교가 없다는 말을 듣고 이후 진영교회의 청빙을 받은 선생은 미국 유학을 포기하고 농촌교육운동의 실천을 위해 부산을 떠나 진영으로 갔다. 해방된 나라에서 대학 교육을 받은 기독교인인 선생에게는 출세의 기회가 넘쳐났지만, 선생은 출세가 보장된 길을 버리고 우리 농촌 문제의 근본적인 해결을 위해 어렵고 힘든 길을 선택한 것이다.

진영교회로부터 청빙을 받은 선생이 교회에 제시한 유일한 조건은 "진영교회에서 농촌운동을 해도 괜찮겠습니까?"였다. 사례금이 얼마나 되는지, 사택은 어떤지 하는 자신의 대우에 관한 조건이 아니라 진영교회의 교인들이 자신이 하고자 하는 목회 활동을 이해하고 함께 할 수 있는지를 확인하고자 했다. 진영교회 목사로 재직 중이던 1946년 부산대학교 한글맞춤법 전임교수로 임용된 선생은 농촌교육에 전념하기 위해 이듬해 교수직을 사임하였다. 당시 사임을 만류하던 윤인구에게 선생은 "대학을 만들고 대학 교육을 할 사람은 내 아니어도 얼마든지 있지만 농촌사회 개혁사업을 할 사람은 많지 않으니 진영으로 가야겠습니다."라고 했다.

당시 진영에는 배우고자 하는 학생은 많았으나 도립 김해공립농업 보습학교가 있었을 뿐 별도의 중학교는 없었다. 새로운 나라를 건설하기 위한 농촌사회의 개혁에 무엇보다 중요한 것은 교육사업이라고 판단한 선생은 1946년 8월 대흥국민학교의 가교사를 빌려 야간학교로 개교하였다. 선생은 가가호호를 방문하여 입학을 권유하였고 인근의 대산, 진례, 장유 등지의 장날에 앰프를 설치한 지게를 메고 나가 "해방된 나라가 좋은 나라가 되려면 우리들이 배워야 한다. 배워야 산다. 지금 생활이 어렵더라도 우선 자녀들을 가르쳐야 한다. 내가 무료로 가르쳐줄 테니 우리가 배워서 독립된 새 나라의 주인공이 되자"라고 외쳤다. 이런 노력의 결과로 1946년 8월 제1회 입학식에는 2백여 명의 학생이 모였고 이듬해 8월 일제강점기 곡물검사소로 사용되었던 창고로 교사를 이전하였다.

선생은 제대로 된 교육을 위해서는 정식 중학교 인가를 받아야겠다고 생각하고 한얼중학교 설립을 추진하게 된다. 정규 중학교 설립에 필요한 재산 등 여건은 전혀 준비되지 않았으나 1947년 말경부터 공민학교인 복음중학교를 정규중학교로 전환하고

자 하는 움직임이 활발해졌다. 무엇보다 학생들의 배움의 열기와 정규 중학생이 되겠다는 의지가 뜨거웠다.

한얼중학교 설립 과정은 당시의 일반적인 학교 설립 과정과는 여러 면에서 차이가 있었다. 당시 학교 설립은 지역의 독지가로부터 재산기부가 이루어진 후 이를 바탕으로 추진되었다. 특히 중등교육은 미군정의 초등 의무교육 실시 이후 수요가 급증하였으나 미군정은 재정 여력이 없었기 때문에 민간에서 자율적으로 학교를 설립하여 교육 수요를 감당하는 정책을 추진하였다. 따라서 독지가의 재산 출연이 학교 설립의 중요한 요건이 되었을 뿐만 아니라 학교 설립 과정에 재단 운영의 주도권을 행사하게 되었다. 그러나 선생이 정식 학교 설립을 준비할 때의 상황은 곡물창고를 개조한 교실 두 채와 부족한 교실 문제를 해결하기 위해 흙벽돌을 만들기 시작한 것이 전부였다.

그러나 선생에게는 분명한 뜻과 사랑하는 학생들이 있었고 그와 뜻을 함께하는 진영교회 교인들이 있었다. 정규 학교의 설립인가만 받으면 자신이 원하는 교육을 할 수 있다고 확신한 선생은 교육 당국을 설득하기 위해 먼저 우리 교육의 현실을 바탕으로 새롭게 실천하고자 하는 자신의 교육관을 정리하기 시작했다. 후일 부산사범학교 학생들을 대상으로 한 강의에서 선생은 해방 이후 우리 교육의 현실에 대해 "명백한 목적과 방향도 없이 그저 막연히 가르치고 배운다는 맹목적 교육을 하는 중에 <쟁이>를 천시하는 사회 풍조에 휘말려 들어가 쓸

모없는 고등유민(高等遊民)만 길러내고 있다."라고 지적하였다.

선생이 교육 당국에 제출한 <나의 교육관>을 적은 글은 삼일 학원 설립인가 신청서에 포함된 설립취지서를 말하는데 이 글은 "밀알 하나 이 땅에 떨어져 죽지 아니하면 한 알 그대로 있고 죽으면 많은 열매가 맺느니라."라는 성경의 구절로 시작된다. 선생은 해방된 조선에 필요한 사람이 되기 위한 네 가지 조건을 정리하였는데 첫째는 한 가지 이상의 전문지식이나 전문기술을 가져야 한다. 둘째, 애토(愛土)의 정신을 가져야 한다. 셋째, 애린(愛隣)의 정신을 가져야 한다. 넷째는 애천(愛天)의 정신이다. 선생은 자신의 기독교적 교육관을 애토와 애린, 애천의 바탕 위에서 한 가지 이상의 전문지식과 전문기술을 얻어 조국에 이바지하고 인류문화에 공헌할 수 있는 인재를 양성하는 것으로 규정하였다.

학교 설립을 위한 여러 가지 여건이 부족한 상황에서도 선생은 오로지 학교를 만들겠다는 일념 하나로 직접 교육 당국을 뛰어다녔다. 도청에서 서류가 규정에 맞지 않다고 난색을 표하자 내가 문교부에 가서 인가를 못 받으면 그곳에서 자살을 하겠소 하여 경유를 받았고 문교부에서도 법 규정에 맞지 않아 인가를 해 줄 수 없다고 하자 "나로 하여금 이 일을 하게 인가장을 손에 쥐어 보내겠소? 아니면 이 자리에서 자결할 터이니 나의 시체를 치우겠소? 빨리 택일하여주시오"했더니 관계관들이 합의하여 특수 목적을 가진 학교이니 예외로 취급하여 인가를 해 주었다고 한다. 1948년 1월 마침내 정식 학교 인가를 받은 선생은 계속해서 1949년 3월 한얼중학교 진례 분교를 설립하고 10월에는 녹산 분교를 설립하여 뜻이 있는 사람은 누구라도 배울 수 있게 해 주었다.

연희전문학교를 설립한 언더우드(Horace G. Underwood)

선교사의 아들인 원한경은 연희가 낳은 가장 훌륭한 졸업생으로 강성갑을 꼽는다. (강성갑이 연희전문학교 재학 당시 원한경은 교장이었다) 그는 1949년 7월 진영까지 내려가 제자 강성갑이 설립한 한얼중학교를 방문했는데 이때 그는 부인상(婦人喪) 중에 있었다. 석 달 전에 그의 부인은 공산주의자 청년의 흉탄에 목숨을 잃었다. 학교를 둘러본 소감을 묻자 그는 "이제 해방된 새 나라에서 한얼중학교를 설립하여 분열과 이념의 대립을 뛰어넘어 조선 민족의 주체적 인재를 양성하고자 애쓰는 모습을 직접 보니 이념 간 대립으로 부인을 잃은 아픔을 잠시나마 잊은 것 같다."고 했다.

민주화운동에 큰 발자취를 남긴 박형규 목사는 자서전에서 자기 삶에 큰 영향을 준 사람으로 강성갑 목사를 꼽았다. 해방 후 대립과 갈등 속에서 혼란을 겪고 있던 박형규 목사의 눈에 비친 강성갑 목사의 실천은 특별한 것이었다. 박형규 목사는 2012

년 강성갑 목사의 유가족이 제기한 손해배상 재판에 제출한 진술서에서 청년 시절 강성갑 목사를 만나 기존에 갖고 있던 사고방식을 뒤바꾸게 되었다고 고백하며 "그때 대학생들이나 의식 있는 사람들에게는 강성갑 목사님이 희망이자 우상과 같은 존재였고 그래서 많은 사람들이 강 목사님을 의지하고 따랐다"라고 하였다.

> 고등유민을 만들지 않는 교육이란 다름아닌 소위 쟁이를 기르는 교육입니다
> "쟁이 천시의 풍조● ●때문에 약했던 나라, 쟁이를 양성하여
> (조선 말로 쓰면)
> 민족 중흥의 황금시대를 만들어 보자는 것입니다.
> - 선생이 1950년 4월 부산사범학교 학생들을 대상으로 한 강연 중에서-

당시 선생을 의지하고 따랐던 사람 중에 연희대학교 학생이었던 김동길이 있었다. 김동길 교수는 선생의 교육 실천에 함께하기 위해 방학이면 여러 학생과 함께 진영으로 내려갔다. 김동길 교수는 그

때의 기억을 잊지 못하고 선생에 대한 글을 여러 차례 발표하였으며 2020년 출간한 <백년의 사람들-김동길 인물한국현대사>에도 <내가 오늘도 흠모하는 언제나 그리운 사람>이라는 제목으로 선생에 관한 이야기를 수록하였다.

1950년 8월 2일 밤, 선생은 집으로 찾아온 지서장과 경찰 2명에게 끌려 나가 곧바로 수산교 아래 낙동강변에서 총살당했다. 진실화해위원회의 보고서에 의하면 한국전쟁 발발 직후 김해지역에서 예비 검속된 인원은 총 1,220명이었으며 이 중 보도연맹원이 59%, 보도연맹원이 아닌 사람이 41%였다. 진영에서 공산주의자로 몰린 사람들에 대한 즉결처형이 이루어지던 억압적인 분위기 속에서도 선생의 죽음은 지역 사람들의 공분을 샀다. 일주일 후 선생의 시신이 수산교에서 2km 정도 떨어진 대산면 모산리 낙동강변에서 발견되었다.

당시 공산주의자로 몰려 희생된 사람들은 1960년 6월에 가서야 시신을 수습하고 장례를 치를 수 있었지만, 선생의 경우에는 공산주의자로 몰려 경찰의 손에 희생당했음에도 불구하고 슬픔 속에서도 격식을 차린 장례식을 치를 수 있었다. 제자들과 진영교회 교인들, 수많은 지역민이 함께했던 선생의 장례식 운구행렬은 진영지역의 특별한 기억으로 남았다. 한국전쟁 중의 험악한 분위기 속에서 누가 시키지 않았음에도, 또 불이익을 당하게 될지도 모르는 상황에도 불구하고 많은 사람이 자발적으로 선생의 운구행렬과 장례식장에 모여들 만큼 강성갑은 특별한 인물이었다. 또한 선생의 특별한 장례식은 공산주의자라서 죽였다는 경찰의 발표가 거짓말이라는 것을 분명하게 보여주는 것이었다.

한국전쟁이 끝난 후 1954년 5월 27일 한얼중학교 교정에서 함태영 부통령과 이상룡 경남도지사가 참석한 가운데 강성갑 추모 동상 제막식이 성대

하게 거행되었다. 동상의 탑신 아래에는 선생의 유해가 안치되었다.

 선생이 김해 진영에서 농촌교육 활동에 평생을 바친 탓인지 선생의 고향인 의령에서는 상대적으로 선생에 관한 관심과 조명이 덜한 느낌이지만 선

생이 남긴 위대한 정신과 해방 이후 혼란기에 한국 교육에 남긴 업적은 일일이 열거하기 어려울 정도다. 자랑스러운 교육자 강성갑 선생의 일생을 돌아보며 한 알의 밀알이 땅에 떨어져 수많은 열매를 맺는다는 선생의 교육관이 바로 선생의 삶 자체라는 것을 다시 한 번 깨닫게 된다.

6. 산해정에서 만난 남명 조식 선생

요즘 목적 없이 길을 나서는 경우가 많았다. 애초에 정해 놓은 일정이나 기한이 없으니 길을 나서는 것도 돌아오는 것도 내 맘이다. 오늘은 며칠 전부터 마음에 두었던 서원(書院)을 돌아볼 생각이다. 지금과 비교한다면 성균관은 국립대학 정도일 테고 향교는 지방의 국립대학, 서원은 지방의 사립대학 정도로 보면 무난할 텐데 서원은 학문연구와 선현제향(先賢際享)을 위해 사림이 설립한 사설 교육기관인 동시에 향촌 자치 운영기구라 할 것이다.

서원의 효시는 조선 중종 때 풍기군수 주세붕이 고려말 학자 안향(安珦)을 배향하고 유생을 가르치기 위해 경상도 순흥에 창건한 백운동서원이다. 이후 사림계는 학문적 우위성과 정치적 입장을 강화하는 동시에 향촌민에 대한 교화라는 명분을 가지고 서원을 확대해 나갔다는데 영조 초기에 조선 팔도에 서원이 400곳을 훌쩍 넘을 정도였다. 서원이 이렇게 전국적인 확산을 보게 된 것은 사림의 향촌활동이 보다 자유로워진 정세의 변화라든가 특정 유학자의 서원 보급운동에 의한 결과이기도 하지만 보다 깊은 요인은 붕당정치(朋黨政治)의 전개에 있었다.

사림의 집권과 함께 비롯된 이 붕당은 그 정쟁(政爭) 방식이 학문에 바탕을 둔 명분과 의리를 중심으로 전개되었으므로 당파형성에 학연이 작용하는 바는 거의 절대적이었고 학연의 매개체인 서원이 그 조직과 확장에 중심적인 몫을 담당하게 된 것이다. 따라서 각 당파에서 당세확장의 방법으로 지방별로 서원을 세워 그 지역 사림과 연결을 맺고 이를 자기 당파의 우호세력으로 확보하려 하였다. 반면에 향촌 사림으로서는 서원을 통하여 중앙관료와의 연결을 맺어 의사전달과 입신출세의 발판으로 삼고자 하였기에 서원건립을 놓고 양자의 이해관계가 서로 일치하였고 이는 곧 서원의 급격한 증가로 이어진 것이다.

그러나 당쟁의 격화로 서원이 정치적 비중이 커지는 만큼 사회적 폐단도 늘어나 인조 이후로는 서원에 대한 대책과 통제가 조정에서 자주 논의되기 시작하였고 영조 17년 결국 서원철폐가 단행된다. 영조는 서원이 노론, 소론, 남인 사이의 분쟁을 유발하고 정국을 혼란시키는 요인이 된다고 판단하여 탕평책 실시와 함께 서원철폐를 단행하였다. 이후 흥선대원군에 이르러서는 서원의 일대 정리가 시행되는데 이를 실추된 왕권의 권위를 높이고 강력한 중앙 집권 하에 국가체제를 정비하고자 했던 그의 정치적 목적과 닮아 있다 할 것이다.

흥선대원군은 1864년(고종1년)에 민폐를 끼치는 서원에 대한 훼철을 명령하였고 이어 1871년에 1인 1원(1人1院)이외의 모든 첩설서원을 일시에 훼철하여 전국의 17개소의 서원과 20개소의 사(祠)만 남겨지게 된 것이다.

오늘 목적지는 대동면 주부동에 있는 신산서원(山海亭)이다. 며칠 전 남명정신문화연구회에서 임진년의 왜란에 김해성을 지키며 순국한 사충신을 기리는 제가 있다는 소식을 듣고 김해 동상동의 사충단(송담서원)을 다녀온 적이 있었다. 그날 나는 부끄러움을 애써 감추며 산해정을 다시 한 번 다녀와야겠다는 마음을 다지게 되었는데 오늘 길을 나섰다.

남명은 경의를 바탕으로 실천하는 사상가요, 교육자로 경남의 정신적 지주이자 경남 정신의 뿌리라고 할 수 있다. 남명이 30세에 처가인 김해로 내려와 제자를 양성하고 학문에 전념하며 명성이 알려지자 여기저기에서 벼슬길을 추천하지만 거절하다가 종부사 주부에 임명되어 이곳을 주부동 (산해정)이라 부르기 시작해 지금의 마을 이름이 주부동이 되었다고 한다.

산해정 경남 김해시 대동면 산해정길 123-26

산해정이라 함은 학문을 닦아 경지가 높아지면 경륜과 도량이 바다와 같이 넓어진다는 것이라 했던가? 산해정에서는 송계 신계성 등 유명한 학자들이 모여 기묘사화 이후 무너졌던 사기(士氣)를 응집시켜 재기를 도모한 곳이기도 하다. 산해정 뒤쪽에는 신어산 기슭에서 맑은 물이 내려오고 앞은 낙동강 삼차강의 기름진 삼각지가 펼쳐져 있다. 돛대산과 까치산의 중턱을 바라보는 숲속 산해정의 생활 중에 남명은 가끔 돛대산에 올라 넓은 바다를 바라보며 자신의 이상과 현실의 격차를 실감하며 고통 받는 백성들의 억울함을 해소하기 위해 실용적 실천적인 경의 사상을 다듬어 왔다. 산해정 생활 중에 친구인 이림, 성우 곽순 등이 죽고 9세의 아들 '차산'과 모친도 사망하자 남명은 3년간의 여막을 마치고 장년 시절의 희·노·애·락이 깃든 산해정을 떠나게 된다. 그 후 단성 현감에 제수되자 나아가지 못함을 올리는 상소문이 온 나라를 진동시킨 단성소(丹城疎)인데 이 단성소 상소문으로 남명의 명망은 극에 달한다.

 남명의 삶에서 볼 수 있듯 남명 조식은 처사(조선 중기 벼슬을 하지 않고 초야에 은둔한 선비들을 일컫는 말)로서 삶을 살아왔다. 하지만 그저 세상을 외면하는 은둔자로 있지 않았고 나라와 민생에 대한 책임과 올바른 도리를 밝혀서 목숨을 내걸고 그 뜻을 실천해 왔다.

산해정 신산서원

 그가 61세에 지리산 천왕봉을 바라보는 산청 덕산에 산천재를 짓고 후진 양성에 나설 때 먼 훗날 그의 사위가 된 홍의장군 곽재우와 임진왜란 중에 감옥에서 죽음 직전의 이순신 장군을 살려낸 상소문을 올린 정탁 장군 등이 남명의 제자들이다. 김해의 사충신들 또한 남명의 산해정 생활의 영향으로 의병장이 되었다는 추론을 해 볼 수 있었다. 역사문화를 추동하는 주체로 남명은 신어산과 지리산 아래에서 한평생을 은둔하며 학문을 닦은 선비이지만 조선을 뒤흔든 사건의 주인공이었다. 그래서 김해인들은 남명정신 함양에 나서게 된 것이다.

산해정(山海亭)은 김해의 대표적인 서원인 월봉서원에 비하면 규모면에서는 비교할 수 없을 만큼 작고 초라하기까지 하다. 빗장 열고 들어가면 무심하지만 정감 있고 허술하지만 단아하다. 툇마루에 앉아 돗대산에서 불어오는 바람을 맞고 있으면 경을 상징하는 성성자(방울)와 의를 상징하는 칼(경의검)을 지닌 남명이 아들 '차산'을 보내며 돗대산에서 내려와 있다.

김해에는 1972년 세상을 떠나기 전 까지 영남 기호학파의 맥을 이어 학생을 가르친 월헌 이보림 선생이 계셨던 장유의 월봉서원, 진영 미양서원 삼방동 예암서원, 그리고 동상동의 송담서원이 있다. 하나같이 선조들의 정신과 정기가 담긴 곳이다. 역사는 현재와 과거의 대화다. 바람 좋은 날 가까운 서원에 들려 과거와 대화하기를 권한다. 오늘 나는 과거와 현재의 대화를 위해 산해정으로 갔다.

거울

김정권

찰싹 거리는 삼차강 갈숲에는
아동들의 콧노래가 흘러나옵니다.

돛대산 밤길에 반딧불 따라
이름 모르는 별 하나 찾아 갑니다.

아름다운 이야기속의 한 사내의 모습이
거울에서 화를 내고 있습니다.

때로는 화를 참아서는 안 될
무례한 상황도 있을 수 있습니다.

그러나 화를 노련하게 낼 줄 아는 것이
어른의 힘 이고
내공임을 청년은 몰랐습니다.

500년 도읍지 발품을 팔며
민초에게 배움을 청한
늙은 청년은 거울을 다시 봅니다.

화난 모습이 인자한 웃음으로
바뀐 사내는
오늘도 동네방네 초인을 만납니다.

서재(유위재)

동재(환성재)

7. 봉황대 마타리꽃 이야기

마타리 꽃

김정권

신어산 숲속에서 청조함을 자랑하던 꽃

황순원 "소나기"에 피었던 순수한 꽃

전장에 간 사내를 기다리다 환생한 꽃

쟁이 연주에 화음을 맞추었다는 꽃

황새와 여의를 품어 안고
해선이와 섬섬이를 잊지 말라고
황금가루 휘날리며 망해정에 피었는가.

대금 연주자 섬섬과 가야금 연주자 해선이의 사랑 이야기 비석

한국판 로미오와 줄리엣의 사랑이야기라 불리는 황세장군과 여의낭자의 러브스토리로 유명한 봉황대에는 마타리 꽃의 슬픈 연주가 전해져 오고 있다.

가락국 겸지왕 때 집안 대대로 연주를 해온 연주자의 혈통을 이어 받은 해선이라는 (별명: 마타리) 가야금 연주자가 살았다.

해선이는 궁중의 행사에 아버지와 함께 연주자로 초대 받아 참석하곤 했는데 그곳에서 쟁을 연주하는 섬섬이라 청년을 만나 사랑이 싹트면서 시작된 비애이다.

해선이와 섬섬이가 악기를 연습하고 화음을 맞추며 사랑을 나누었던 봉황대 망해정을 김해 문협 관계자들과 다녀오게 되었다. 망해정은 서쪽으로는 유민공주의 아픔이 있는 유민산(임호산) 북으로는 경운산이 아름답게 펼쳐져 있고 주변 환경이 잘 정비되어 있어 우리 일행은 우중에도 편하게 오를 수 있었다.

 이곳에서 연습해온 해선과 섬섬의 가야금과 쟁의 연주는 신기에 가까워 많은 사람들의 부러움을 받았고, 아라가야와 성산가야 중국과 일본에도 소문이 나 종종 초대를 받을 정도였다. 그러나 그들의 사랑만큼이나 연주 기량과 절정에 이르렀을 때 신라와 전쟁이 일어났다. 가야의 장정들이 군대에 편성되어 전장으로 나가게 되는데 섬섬이도 군대의 사기를 높이기 위해 자충패(지금의 군악대)에 편승하여 연주를 하게 된 것이다.

 이때 황세장군의 장자방격인 덕필이라는 장수가 해선의 연주와 미모에 반해 온갖 감언이설과 선물 공세로 해선의 마음을 얻으려고 했지만 섬섬을 생각하는 해선의 마음에는 변함이 없었다. 그러자 덕필은 지휘관의 신분을 이용하여 섬섬이가 있는 자충패를 위험한 지역으로 보내 버렸다.

섬섬의 군대는 신라군에 패하면서 섬섬은 신라의 포로가 되었는데 그 소식을 들은 덕필은 더욱 끈질기게 해선에게 구애 했으나 해선은 거절했다.

그녀는 망해정에 올라 가야금 연주를 하며 비가 오나 눈이 오나 경운산 동북쪽을 바라보며 섬섬을 기다리던 그녀는 결국 병에 걸려 재회하지 못한 채 숨을 거두고 말았다는 이야기다.

그런데 해선이가 죽은 이듬해 여름과 가을사이에 가냘프고 키가 큰 해선이를 닮은 꽃이 망해정에 한 무리 피었는데 가야 사람들은 해선의 별명을 따서 그 꽃을 마타리꽃이라 불렀다.

한편 천신만고 끝에 고향으로 돌아온 섬섬이는 해선의 소식에 비통해 하며 망해정에 올라 마타리

꽃을 보며 쟁을 연주 하니 그 음을 듣는 가야 인들은 섬섬의 연주에 마타리꽃도 화음을 이루는 것 같다며 모두 눈시울을 적셨다고 한다.

봉황대 황세와 여의 낭자 이야기 <여의각>

옛 부터 봉황대에서 악기나 학문을 닦으면 경지에 이른다는 이야기가 전해져 왔는데 파리장서로 유명한 독립운동가요민족 교육자인 거인 류진옥(1871-1928)씨가 세상 떠나기 전까지 이곳 여의각 아래 일원문(옛, 청산원)에서 후학을 양성하였고 근대에도 많은 학자가 배출되기도 했다.

봉황대에는 예전부터 애절한 사랑 이야기가 전해져 내려오는데, 바람에 흔들리는 망해정의 꽃을 보니, 해선의 가야금과 섬섬의 쟁 연주가 떠오르며 이곳에 마타리꽃들이 있다면 사람들은 더욱 그들의 이야기를 떠 올리지 않을까 생각이 든다.

8. 내 고향 김해, 그리고 불암동

 이 생(生) 어느 날 눈 다시 밝아지랴 만 태고에 남은 소리는 뜻이 절로 밝구나 / 천 년 아름다운 사람과 창해의 달빛, 다시 노니는데 어찌 외로운 정이 없으리 / 수로의 능 앞에 풀빛 푸르고 초선대 아래 바다 물결 맑구나 / 흥망한 가호(家戶)에 봄바람 두루 드니 활짝 핀 매화가 나그네 심사를 위로한다 / 칠점산 앞에 저문 구름 빗기니 삼차수(三叉水) 나루터에 푸른 파도 일어난다. 춘풍 2월 금주(金州)의 객이 바로 강남 길을 가는 것 같구나 / 옛 가야 푸른 봄을 찾으니 흥망이 몇 번 변하여 바다가 육지 되었던가 (포은 정몽주 선생의 시)

 포은 정몽주(1337~1392) 선생과 김해의 인연은

각별하다. 고려 말의 명장 박 위(?~1398) 부사가 분산성을 수축한 공을 치하한 글이 남아 있고 김해를 돌아보며 남긴 여러 편의 시문(詩文)도 전한다. 이 글도 그중의 한 편인데 봄을 맞아 김해를 찾은 소회를 표현하고 있다.

포은 선생은 이날 아마도 수로왕릉에 들렀다가 신어산에 올랐던 모양이다. 저물녘 칠점산 앞을 빗겨 흐르는 구름, 초선대 아래 출렁이는 맑은 파도가 그림 같은 정경으로 묘사되어 있다. 낙동강 제방 축조사업으로 지금은 드넓은 평야가 되었지만 6백여 년 전 그때야 일렁이는 갈대와 기러기 소리가 여수(旅愁)를 달래주었을 것이다.

때로는 갯벌이 드러나고 때로는 칠점산을 점점이 띄우며 바다에 들고……. 밀물과 썰물을 따라 모습을 바꾸던 그때의 낙동강 하구는 시에 나오는 것처럼 '삼차강'이라 불리었다. 지금의 대동수문 자리에서 본류와 지류로 갈라져 세 갈래 물길이 만난다고 해서 붙은 이름이었다. 삼차강은 그 품 안에 대저와 가락, 명지 등 크고 작은 섬들을 보듬은 천혜의 항만이었다. 해상왕국 가야가 동북아 교역의 중심 국가로 활동했던 힘의 원천도 그것이었다.

그 삼차강 한 줄기가 남서쪽으로 뻗어 마을과 처음 만나는 지점이 바로 나의 고향 불암동이다. 갈대숲을 흔들며 저 스스로 길을 만들어 흐르는 물길도 운치 있지만 강은 사람과 만날 때 비로소 땅과 사람의 젖줄로 생명력을 갖게 된다. 나루터에는 배들이 바람에 한껏 몸을 부풀린 돛을 펄럭이며 오가고 구리 팔뚝의 장정들은 불끈불끈 힘을 쓰며 그물을 당긴다. 개구쟁이들의 물장구와 아낙들의 **빨랫방망이** 소리가 '삶의 노래'로 울려 퍼지는 평화로운 정경 이것이 내 고향의 정겹던 모습이다.

강 맞은편에는 신어산에서 내달리 능선 하나가

방금이라도 물에 뛰어들 듯 강가에 머리를 대고 있다. 동으로 서낙동강을 접하고 서쪽과 북쪽은 산을 둘렀으니 전형적인 배산임수(背山臨水)의 복지(福地)다. 땅이 길하면 사람이 모이는 법 산자락에 등을 붙이고 옹기종기 모여 앉은 마을들은 어깨보다 낮은 흙담 너머로 떡 한 조각도 서로 나누며 정(情) 붙이고 살았다.

부산에서 '김해 읍내'로 들어가자면 거치지 않을

천태산 소나무에서 바라보는 낙동강

수 없는 관문이요, 닷새마다 번갈아 서는 선암장, 녹산장으로 장배가 오가고 조선시대에는 가락의 해창(海倉)에서 한양으로 조곡(租穀)을 실어 올리던 수운(水運)의 요충이기도 했다.

풍광도 빼어나다. 선암(仙岩) 또는 불암(佛岩)이라고 하는 지명부터가 어떤 곳 못지않은 우리 고향의 수려한 지세를 짐작하게 한다. 산과 강이 만나는

곳에 우뚝 선 바위가 있어 선유대(仙遊臺)라 불렀는데 신선들이 내려와 놀던 자리다. 마을 이름도 선바위라서 '선암(立岩)'이고, '신선바위'라서 선암(仙岩)이 된 것이다. 영조 때 김해부사 김영수는 절경에 감탄해 바위에 힘찬 필치로 '선유대' 세 자를 새겨 놓기도 했다. 그 뒤편에는 부처바위(佛岩)가 있었다. 표정이 지극히 온화하고 장삼을 왼쪽 어깨에서 오른쪽 겨드랑이로 감아 내린 마애입상이다. 불암동이라는 지명은 이 부처 바위에서 나왔다.

지금도 눈에 선한 이 정경들은 이미 과거시제(過去時制)가 되고 말았다. 지난 72년 남해안 고속도로 건설공사를 하면서 모두 없애버린 탓이다. 개발이라는 이름으로 자연이나 문화재를 파괴한 사례는 한둘이 아니지만 이로 인해 고향 마을이 '불암 없는 불암동'이 되고 만 것은 못내 애석할 따름이다.

그래도 다행인 것은 그 부처 바위가 비록 온전하지 못한 채로나마 형체를 보전하고 있다는 점이다.

발파되어 고속도로 주변에 흩어졌던 마애불을 김해 불교신도회 배석현 회장께서 적지 않은 사비를 들여가며 수습해 동상동의 연화사로 이전해 둔 덕분이었다. 불암동의 대표적 문화재로 마을의 자랑거리인 마애입상석불의 파편을 수습하고 날라서 지금만큼 복원한 불교신도회를 생각하면 정부의 문화재 관련 기관들이 부끄러워해야 마땅할 것이다.

서낙동강

　최근 반가운 것은 불암동민들이 마애불을 불암동에 다시 안치할 계획을 추진하고 있다는 것이었다. 기쁜 마음으로 몇 차례 만나 뵈며 고견(高見)을 들었고 내가 맡을 수 있는 역할이 무엇인지 힘을 보탤 방안도 찾고 있다. 지역에서의 '바른 역사 찾기'요, 근시안적인 건설위주 정책이 남긴 상처를 되돌아보게 하는 '현장 교훈'으로서 참으로 의미 있는

일이라고 생각한다. 다행스럽게도 최근 연화사 범일 스님을 찾아뵙는데, 흔쾌히 불암동으로 보내주겠다고 하셨다.

불암동은 김해의 관문이면서도 한편으로는 오랫동안 변두리로 소외되어 온 것이 사실이다. 거기다가 전 지역의 68%(1,76㎢)가 개발제한구역으로 지정되어 발전의 걸림돌이 되어 왔다. 다행히 지난 2001년 5월 일부 지역 약 3백㎢가 우선 해제되어 그나마 숨통이 틔었다. 2000년 4월 지내동 동원APT가 준공되어 8백10세대가 입주하는 등 도시 면모를 갖추기 시작했고 99년 지내 공업지구 준공, 2000년 지내 준공업지구 준공 등으로 주거와 산업기반이 고루 갖춰져 어느 정도 인구 유입과 발전도 있었다. 불암(佛岩)이 불암동으로 돌아오는 날, 점차 잃어가던 옛정도 새록새록 되살아나서 전통과 현대가 어우러져 함께 새날을 열어 갈 고향의 모습을 그려본다.

동행길

김정권

동녘 하늘 붉은 해 환하게 웃을 때
종착 없는 여행길 믿음으로 걸어간다

웃고 우는 가슴조린 하룻길에
지친기색 내색 않고 함께한 여행,
애띤 얼굴 간데없고 온갖 풍상 버텨왔네
아차해서 들어보니
허송세월 여행길 십 수 년 지났구나

정신 챙겨 살펴보니
절뚝이는 발걸음에 눈시울이 붉어지누나
흘러가는 세월 속에 묻어둔 이야기,
다정하게 풀다보면
남은 세월 여행길이 웃음으로 피날까

9. 문화-관광 잠재력을 품은 봉황동

김해는 삼국시대 김수로왕의 금관가야 도읍지로, 지금도 매년 가야문화축제를 개최하는 등 연고가 깊은 곳이다. 수로왕릉을 거닐다가 봉황대로 향하던 내 발걸음에 비친 봉황동은, 어느 곳보다 역사 문화가 살아 숨 쉬는 곳이라 여겨졌다.

금관가야의 왕성(봉황토성)과 봉황대 유적이 하나로 합쳐져 '김해 봉황동 유적'이란 이름으로 '대한민국의 사적(史蹟)'이 된 회현리 패총은 청동기시대부터 금관가야 초기까지의 여러 유물들이 발굴된 곳이다. 회현리 패총은 고고학적으로는 더 의의가 깊은 곳이다. 대한민국이 일제강점기 이전인 1907년 대한제국 시기에, 한국 최초로 근대적 고고학을 실시한 장소이기 때문이다. 패총과 함께 봉황대 유적은 가야시대의 주거지가 발굴된 '금관가야권의 최대 생활 유적지'라는 역사적 의의를 가진다.

이렇듯 금관가야와 관련된 역사적 유적 가운데, 봉황동의 황세(黃洗) 장군과 출여의(出如意) 낭자의 애틋한 전설이 있다. 황세 장군과 여의 낭자 전설은 금관가야 제9대 겸지왕(鉗王) 시기에 태어난 가야인 남녀의 사랑 이야기다. 둘은 어릴 때부터 소꿉친구로, 혼약까지 하는 사이였다. 후에 신라군이 가야를 침범해 오자 겸지왕은 군사를 모집하였고,

황세는 자진하여 전쟁에 참여해 큰 공을 세웠다. 겸지왕은 황세에게 '하늘장수'라는 칭호를 주고 자신의 딸인 유민공주와 결혼 시켜 부마로 삼았다.

여의 낭자와 이미 혼약을 맺은 황세는 그 제안을 거절하려 했으나, 왕의 강권을 어길 수가 없었다. 여의 낭자는 파혼 당한 뒤에도 황세를 잊지 못해 시집도 가지 않은 채 시름시름 앓다가, 황새와 놀던 바위 위에서 홀로 죽음을 맞이했다. 유민공주와 결혼한 황세 장군도 그 소식을 듣고는 슬피 울며 괴로워하다가, 여의낭자의 뒤를 이어 죽고 말았다. 그 소식을 전해들은 사람들은 둘의 혼령을 위로하기 위해 여의와 황세가 놀던 개라암에 작은 바위를 얹었는데 서남쪽의 것은 황세바위, 동남쪽의 것은 여의바위라고 이름 붙였다. 홀로 남은 유민공주도 황세와 여의의 영혼을 기리며 평생을 살겠다고 임호산에 들어가 두 사람의 못 다한 사랑을 기렸다는 전설이다. 김해에는 지금도 황세바위와 여의 낭자를 기리는 사당 '여의각(如意閣)'이 봉황대와 그 근처에 남아있다.

 이렇듯 봉황동은 가야의 자랑스러운 유적과 전설이 담긴 지역이지만, 지역발전을 담보 잡히는 안타까운 점도 있다. 실제 10여 년 전 만 하더라도 봉황동의 거리는 점집, 무당집, 역술원과 불교 용구 가게 등이 난립했었다. 집터를 개발하다가 문화재가 발굴되면 발굴 작업이 끝날 때까지 재산권 행사를 할 수 없는 지역이다 보니, 구도심의 노후화가 가속되어 임대료가 급속도로 떨어진 때문이리라.

 쇠락해가던 봉황동의 주민들에게 '봉황토성'을 비롯한 문화유적지가 마냥 달갑게 보이지는 않았을 것이다. 다행히 지금은 도시재생사업으로 단장되어 '봉리단길'이 생기며 봉황동에 혈류가 공급됐다. 오히려 봉황동의 유적지와 문화재, 옛날 시가지 등을 활용하는 '봉리단길'은 김해와 봉황동의 관광

코스가 되고, 카페나 찻집 등이 늘어나며 젊은 층을 비롯한 많은 사람들이 찾게 되었다. 하지만 김해의 유구한 역사 발자취가 서린 봉황동과 봉리단길의 잠재력은 지금과는 비교되지 않을 만큼 크다 할 수 있다. 이를 위해 봉황동의 역사·문화적 가치를 재조명해 유적지를 단장하는 것은 물론 주차시설 등을 개선한다면, '경주의 황리단길'이나 '부산의 감천마을', '전주의 한옥 마을'과 어깨를 나란히 하는 대한민국 대표 관광자원이 될 것이다.

10. 역사 문화의 보고 동상동
그리고 연화사

동상동 연화사 해설을 읽으며...

동상동은 2000년 전까지는 김해의 중심지요, 가장 번성한 곳이었다. 동상동은 봉황동에 이어 많은 김해의 문화유산이 있는 곳이다. 특히 예전 표교당이라 불린 연화사를 중심으로 펼쳐진 문화자산 이야기는 끝이 없을 정도로 많이 있다.

금능팔경의 한곳인 함허정, 진주 초석루와 밀양 영남루와 함께 명승지로 알려진 연자루(1932년 9월에 철거) 호계천의 호계사에는 지금 허황후 릉에 이전된 파사석탑이 있었다. 정몽주 맹사성 같은 고려, 조선의 명사들이 자주 찾아 시를 읊기도 할 정도의 풍치가 있었는데, 정몽주는 여기에서 '옛 가야 찾아오니 풀빛 푸른 봄이다. 흥망이 몇 번 변해 바다가 흙먼지가 되었다.'고 김해평야로 변한 바다를 보며 노래했다. 연화사에 들어설 때 왼쪽 작은 공원 안쪽을 살펴보면 <가락고궁 궁허>라는 비석이 있어 많은 유추를 해볼 수 있다.

오른쪽에는 김해 불교 신도회 회장을 역임한 연화사 신도 회장 배석현 공적비가 새겨져 있다. 연화사 뒤편 화단에 안거한 미륵불의 부처 바위가 있는데, 불암동 선유대 암벽의 미륵불이 남해고속도로 건설로 파손되어 이를 배석현회장이 수습해 이곳으로 옮겨 놓았다.

연화사에는 왕명을 받아 김해로 온 관리들이 묶고 쉬는 객사가 있었는데, 지금 남은 후원지만 경상남도 기념물 제267호로 지정 받았다.

연화사에서 나와 왼쪽으로 조금 가서 오른쪽 골목에 가면 운정공이란 우물이 있다. 이 우물은 임진년에 왜군이 김해읍성을 포위하여 물을 길러올 수 없어 사충신중 한 분인  류식 선생이 이곳에 우물을 파라고 하여 파니 물이 나왔다고 한다. 김해 읍성의 북문은 복원하였고 동문은 동광초 정문에서 조금 내려와 오른쪽으로 오면 동문 표지석이 있다. 서문은 과거 김해극장에서 왕릉 쪽으로 가면 오른쪽에 작은 표지석이 있고 남문은 김해중학교 정문에서 시내 쪽으로 오면 과거 분산서실이 있었는데 그 앞에 표지석이 있다. 이 표지석은 김해 가야문화 연구회에서 30여 년 전에 새겨 두었다.

동광초등학교 동쪽 언덕배기에 동상동 가마터

흔적이 있고 일본 다도에서 귀히 여기는 막사발 찻잔의 고향이라고 볼 수 있다. 일제 강점기 때는 일본인들이 막사발 파편도 주워가곤 했다고 한다.

다행스럽게도 연화사 주지 법일 스님께서 역사 문화에 관심과 분명한 철학이 있어, 마애불도 원래 있었던 불암동으로 이전에 동의해주시고, 연화사가 김해에서의 역사문화의 가치를 공유할 의지를 가지고 계신 분이라 문화 복원과 낙후된 동상동을 문화 관광의 명소로 발전시켜 나갈 수도 있겠다는 희망을 가진다.

2부

김해의 미래를 생각하면서

김해 대성동 고분군 느티나무

1. 가야고분군 세계유산 등재 추진

경남발전연구원장으로 있으면서 경남의 발전을 위해 동분서주하던 순간들이 스쳐 지나간다. 많은 일들 중에서도 가야유적 세계유산 등재 추진을 도운 일은 오래도록 기억에 남을 것 같다. 세계유산 등재를 추진하는 유산 중에 김해의 '사적 제341호 김해 대성동고분군'이 포함되어 있었기 때문에 더 각별했다.

2013년도 가야유적 세계유산 등재 추진 과정에서 경남발전연구원이 맡은 주요한 역할은 '사적 제341호 김해 대성동고분군'과 '사적 제515호 함안 말이산고분군'을 세계유산으로 등재하기 위해 가야고분군 종합 학술보고서 발간, 가야고분군 홍보 책자 발간, 가야유적 세계유산 홍보 관련 문화아카데미 개최, 가야유적 세계유산 등재 관련 학술대회 개최, 가야유적과 세계문화유산으로 등재된 국내·외 유사 유산 비교 연구 등이었다.

가야유적 세계유산 등재 추진의 가장 큰 이유는 가야유적은 문화적, 역사적, 학문적 핵심축을 이루는 문화 다양성의 보고로서 가야문화의 독창성, 가치규명을 통해 가야문화유산을 경남의 대표유산으로 부각시켜 경남도민의 자긍심을 높이자는 것이었다. 또한, 등재 추진은 한국고대사에서 소외된 가야사를 부흥시키는 계기가 될 것이며 경남 도민의 문화적 자긍심 고취 및 국제적 위상을 재고할 수 있는 기회이기도 했다.

세계유산은 세계의 모든 인류가 주권·소유권 세대를 초월하여 공동으로 보존하고 관리해야 할 탁월한 보편적 가치가 있다고 인정되어 유네스코

(UNESCO, 국제연합교육과학문화기구) 세계유산 목록에 등재된 문화유산, 자연유산 그리고 문화와 자연의 가치를 함께 담고 있는 복합유산을 말한다. 문화유산은 기념물, 건조물군, 유적지 중 어느 하나 또는 그 이상에 속하는 유형유산을 말한다. 세계유산은 유네스코에서 선정하는 '세계무형유산'이나 '세계기록유산'과는 구별되며 별도로 관리하게 된다.

유네스코 세계문화유산 등재사업은 국가 브랜드 가치의 향상, 문화교육의 확대, 관광산업의 진흥, 지역사회개발에 도움이 되기 때문에 모든 나라의 관심 사안 중의 하나이다. 우리나라는 1995년 석굴암·불국사, 해인사판전, 종묘 등 3점을 첫 등재시킨 이후, 지속적으로 우리의 소중한 유산을 세계유산으로 등재시켜 문화유산 9점, 자연유산 1점 등 모두 10점의 유산을 세계유산으로 등재시키고 있다. 현재 몇 점의 문화유산이 세계유산이 되기 위해 준비 중이다. 남한산성 신청서는 2013년 제출되었기 때문에 등재여부가 2014년에 결정될 예정이고 이 밖에 백제역사지구, 한양도성, 서원, 전통사찰 등이 준비 중이며 자연유산으로는 염전과 갯벌이 진행 중이다.

물론 가야고분의 세계유산 등재가 경남에 무조건 좋은 점으로 작용하는 것은 아니었다. 그 과정은 경남에 또 하나의 과제를 던지기도 했다. 그저 옛날 무덤이라고 생각하고 별다른 의미가 없이 지나쳤던 동네의 무덤이 세계유산이 된다는 사실은 감춰졌던 보석을 찾는 일이기도 하지만 다른 걱정거리를 만들어 낸다. 지역 차원에 머물러 있었던 유산이 세계적 관심을 받게 되면 그만큼 탁월한 가치를 지녔다는 것을 의미하기에 이의 보존관리를 위해 남다른 노력을 기울여야 하기 때문이다.

세계유산으로 등재되기 위해서는 먼저 세계유산

잠정목록에 등재되어야 한다.

세계유산 잠정목록 등록 절차는

① 시·도지사나 관련 민간단체가 문화재청장에게 잠정목록 대상 신청을 하고
② 문화재위원회의 심의 후 문화재청장이 신청 대상 검토 및 신청 대상을 확정하고
③ 유산 소재 시·도지사가 등재 신청서를 작성하여 문화재청에 제출하고 문화재청이 내용을 검토 및 수정하고
④ 문화재청장이 신청서의 감수 및 보완을 하고
⑤ 신청서 초안을 문화재청장이 유네스코에 제출하고
⑥ 문화유산인 경우는 유네스코 자문기구인 국제기념물 및 유적협의회(ICOMOS)가 현지실사 수행 및 유산 가치를 평가하고
⑦ 자문기구가 세계유산위원회로 등재 가능, 보

류, 반려, 등재불가 네 단계로 권고안을 송부하고

⑧ 매년 6~7월 중 세계유산위원회에서 자문기구의 권고안을 바탕으로 등재 여부를 결정하게 된다.

여기서 세계유산 등재 효과는 무엇일까를 생각해 볼 필요가 있다. 세계유산에 등재되는 것은 해당 유산이 어느 특정 국가 또는 민족의 유산을 떠나 인류가 공동으로 보호해야 할 가치가 있는 중요한 유산임을 증명하는 것이다.

저개발국의 경우, 세계유산에 등재되면 세계유산기금 및 세계유산센터, 국제기념물유적협의회 등 관련 기구를 통해 유산 보호에 필요한 재정 및 기술 지원을 받을 수 있다. 또한, 국제적인 지명도가 높아지면서 관광객 증가와 이에 따른 고용기회, 수입 증가 등을 기대할 수 있다. 세계유산으로 등재되면 정부의 추가적인 관심과 지원을 받을 수 있으므로 지역 발전에도 도움이 된다.

무엇보다 중요한 것은 세계유산으로 등재되면 세계유산이 소재한 지역 공동체 및 국가의 자긍심이 고취되고 자신들이 보유한 유산의 가치를 재인식함으로써 더 이상 유산이 훼손되는 것을 막고 가능한 원상태로 보존하는 데 크게 기여할 수 있다는 점이다.

낙동강 교각

2. 세계문화유산 등재의 밑그림 그린 김정권

[이사람] 가야문화권 세계문화유산 등재의 밑그림 그린 **김정권**

유네스코 세계유산위원회는 지난 9월 17일(현지시간) 사우디아라비아 리야드에서 열린 회의에서 가야고분군을 세계유산 목록에 등재하기로 결정했다.

특히 김해 대성동 고분군을 비롯해 함안 말이산 고분의 세계문화유산 등재로 이를 축하하는 현수막이 거리마다 걸려있고 축하공연과 행사가 연일 진행되고 있다. 유네스코 세계유산위원회는 "가야고분군이 주변국과 자율적이고 수평적인 독특한 체계를 유지하며 동아시아 고대문명의 다양성을 보여주는 중요한 증거가 된다는 점에서 탁월한 보편적 가치가 인정된다."고 평가했다. 이러한 발표를 바라보는 김정권 전 의원만큼 감회가 남다른 인물은 없을 것이다.

평소 역사문화 특히 가야사에 관심이 많은 김 전 의원은 2013년 경남발전연구원(현, 경남연구원) 원장에 재임하면서 중심적으로 추진한 사업 중 하나가 '가야사 재조명'이었다. 고분군은 연맹이라는 독특한 정치체계를 유지하면서도 주변의 중앙집권적 고대국가와 함께 존재했던 가야문명을 실증하는 증거로 역사적 가치가 크다. 그럼에도 불구하고 그동안 잊혀 진 왕국으로 역사 속에 묻혀 있는 현실을 안타깝게 생각한 김 전 의원은 가야문화유산을 세계문화유산으로 등재하기 위해 씨를 뿌리는 마음으로 노력했다.

2013년 문화재청에서 김해와 함안의 가야고분군을 세계유산 잠정 목록에 등재하기로 결정했다. 이를 위해 저명한 학자들과 학술 심포지엄을 개최하는 등 경남발전연구원 연구위원들을 독려하는 등 많은 정성을 들였다.

김 전 의원은 이러한 노력들의 결과로 가야왕국이 그 베일을 벗고 세계 속으로 날아오르기 위한 힘찬 날갯짓을 시작하는 자리가 되고 그 중 김해가 문화유산 관광의 중심지로 떠오를 것이라고 했다.

즉시 김 전 의원의 가야사 재조명에 대한 관심이 잘 드러난 사건이 있다. 가야문화권 1차 정비사업

설계용역비 등 40여억 원이 전액 삭감 되었을 때 이를 다시 부활시킨 그 유명한 논리는 아직도 경남도의회 속기록 속에 남아 전설처럼 회자되고 있다.

세계문화유산 등재에 대한 소감을 묻자 김 전 의원은 세계문화유산 등재의 필요성을 인식하고 학술 심포지엄에 끊임없이 참여하고 토론하며 함께한 학자들을 소개한다. 종합토론을 이끌어 줄 신경철 교수, 김정완 당시 김해박물관장, 조윤제 교수, 김해김씨 종친회와 숭선전 김병진 참봉, 특히 '가야문화의 국제적 성격 - 대성동고분과 말이산 고분 중심'으로 발표한 이영식 교수. '가야고분군의 정비 현황과 보존대책'을 발표한 송원영 학예사 그리고 가야고분의 세계문화유산의 지정과 그 이후 과제를 기조 강연할 허권 교수 등 많은 분이 함께하고 도민의 성원이 이루어 낸 쾌거라고 치켜세웠다.

세계문화유산 등재로 잊혀진 가야가 전 세계에

알릴 수 있는 계기가 될 것이라고 경상도와 전라도에 걸친 가야고분군에 많은 관광객들이 찾아오게 되고 특히 '세계 속의 김해, 김해 속에 세계로 김해'의 위상이 높아질 것을 바라보는 김 전 9의원도 그동안 노력의 결과로 보람을 느끼고 있었다.

출처 : 영남매일

3. 가야고분군 잠정목록을 넘어 등재유산으로

 경남발전연구원장으로 있으면서 2013년 가야유적 세계유산 등재 추진을 위해 가야고분군 종합 학술보고서 발간, 홍보 책자 발간, 홍보 관련 문화아카데미 개최, 학술대회 개최, 국내외 유사유산 비교 연구 등 연구원이 할 수 있는 혼신의 힘을 쏟았다.

'가야고분군' 잠정목록 등재 신청은 오랜 준비 끝에 2013년 6월부터 공식적인 절차가 진행되었다.

경상남도는 문화재청에 2013년 6월 27일 '가야고분군' 세계유산 잠정목록 등재신청서를 등록했다.

이후 8월 16일에 김해 대성동과 함안 말이산 가야고분군의 문화재청의 현장조사가 있었다. 당시 참석 대상은 조사위원, 문화재청, 경남도청, 김해시, 함안군, 경남발전연구원 등이었다.

현장실사 결과는 8월 27일에 나왔다. 내용은 '가야고분군' 문화재위원회 심의 후 문화재청장 확정으로 잠정목록 추진 문화재로 선정되었다는 것이었다.

선정 후 경상남도가 가야고분군 잠정목록 등재신청서를 작성 후 문화재청장에게 제출했으며 문화재청의 내용 검토 및 수정이 있었다. 수정할 내용은 유산 명을 '가야고분군'에서 '김해 - 함안 가야고분군'으로 변경한 것이다. 이후 잠정목록 등재신청서를 문화재청장이 유네스코에 제출했다.

유네스코에 잠정목록 등재신청서를 제출한 이후에도 지역 차원에서의 노력은 계속되었고 경남발전연구원도 지원을 아끼지 않았다.

경남발전연구원은 잠정목록 등재신청서 제출 후에는 홍보 활동에 주력했다. 먼저 인제대학교 박물관대학 강좌를 통해 세계유산을 홍보했다. 이 홍보는 11월 21일에 인제대학교 박물관에서 김해시민을 대상으로 내가 '가야고분군 세계문화유산적 가치'를 발표하고 김해시민의 관심과 지지를 호소했다.

또한 가야고분군 세계유산 등재를 위한 학술대

회도 개최했다. 학술대회는 11월 14일에 함안 문화원 대강당에서 '김해 - 함안의 가야고분군 세계유산 등재를 위한 학술심포지엄'이란 주제로 열었다.

이러한 경상남도, 경남발전연구원, 도민들의 노력이 결실을 맺어 12월 11일 '김해 - 함안 가야고분군' 유네스코 세계유산 잠정목록 등재가 확정되었다.

김해 대성동 고분군

이제 경남의 소중한 자산인 가야고분군은 세계유산 잠정목록을 넘어 등재유산이 되어야 한다. 이 과정에서 경남도민과 김해시민의 많은 관심이 필요하며 행정적인 영역에서의 노력도 필요하다.

첫째, 종합적인 관리 대책이 마련되어야 한다. 김해 대성동고분군과 함안 말이산고분군은 국가사적으로 지정되어 있기에 비교적 관리가 원활히 이루어지고 있는 편이다. 그러나 고분군의 보존에 대한 위험요소, 유해요소에 대한 상시 모니터링이나 과학적이고 체계적인 보존 방안의 수립은 미흡하다. 또한 유적지 주변의 문화경관, 완충지대에 대한 관리대책도 꼼꼼하게 점검해야 한다.

특히 8월 16일 문화재청 현지실사에서 김해 대성동고분군은 주변의 아파트와 경전철 건설로 인한 경관 훼손이 지적되었고 향후 문화재 훼손 우려가 있으므로 대책이 필요하다는 지적을 받았다. 함안 말이산고분군은 고분군의 경관을 효과적으로 드러내기 위한 수목정비, 고분군 원형복원 작업, 관람로 증설, 근대 시설물 정비 등이 지적되었다.

둘째, 등재신청서 작성도 준비해야 한다. 등재신청서 작성자는 유산이 무엇이며 유산이 잠재적 뛰어난 보편적 가치를 갖는 이유는 무엇이고 그 가치를 어떻게 보존, 보호, 관리 및 전시할 것인가 하는 핵심 메시지를 담아야 한다.

셋째, '김해 - 함안의 가야고분군 세계유산등재 추진위원회' 구성도 필요하다. 추진위원회 역할은 세계유산 등재를 위한 전략을 수립하고 고분군의 보호, 경관 정비, 고분군 주변의 완충지대를 설정하는 등 막중하다. 세계유산 추진은 행정이나 학계의 일부 관계자의 한정적인 활동으로 이루어질 수 없기에 추진위원회는 인력, 예산지원이 충분히 따라야 한다. 추진위원회에는 가야고분군의 탁월한 보편적 가치 연구를 담당할 연구진과 추진 기구의 활동, 사무, 운영을 뒷받침하는 공무원이 참여해야 한다. 특히 추진위원회는 김해 - 함안의 주민대표를 반드시 참여시켜 지역민들의 의사를 적극적으로 반영할 필요가 있다.

넷째, '김해 - 함안 가야고분군' 세계유산 등재를 위해서 반드시 필요한 요소 중 하나는 조례 제정 등 법적인 뒷받침도 필요하다.

마지막으로 시민사회단체, 유관기관과의 협력이 필요하다. 세계유산 등재를 위해서는 시민사회단체, 종교단체, 대학, 연구기관, 행정기관과의 상호 협력이 다각적으로 시도되어야 한다. 다각적인 협력을 통해 시민들의 적극적인 참여를 끌어 올린다면 세계유산 등재의 의미가 한층 돋보일 것이다. 라고 주장한 바가 있었는데 지난 2023년 5월11일 세계문화유산 등재 권고가 내려져 마침내 동년 9월17

일 날 제45회 유네스코 세계유산위원회 등재 결정 회에서 최종확정 되었다.

이제 김해는 이를 어떻게 마케팅 하는가에 따라 김해의 미래가 달라질 수 있다.

4. 김해의 미래 경제, 양적 성장에서 질적 성장

역사 속에서 번영을 누린 도시는 모두가 한 국가의 수도여서 정치, 행정, 군사의 중심지이거나 해상이나 육상 교역의 중심지인 경우, 혹은 대규모 농업 생산력을 가진 경우였다.

이런 점에서 김해는 오랜 역사 속에서 가야왕국의 거점지역으로, 높은 농업생산력으로 도시발전을 이루었지만 근세기의 산업화 흐름에서 뒤처져 변방의 소도시로 전락해 있다.

김해는 김수로 왕릉을 품고 우리나라 최고의 역사문화 자산을 간직하고 있으면서도 20~30년 전만 하더라도 단지 드넓은 평야를 가진 지역, 김해공항이 있는 지역으로 상징되었다. 그런 김해가 급격한 인구의 증가와 기업의 유입으로 동남권지역의 대표적인 산업도시로 변모하고 있는 현재는 기회이자 위기이도 하다. 김해가 앞으로 극적인 변화를 거쳐 일류도시로 발전할 것인가, 그저 그런 기업집적 도시로 머물 것인가 중요한 시점에 서 있다.

도시의 흥망성쇠를 다룬 글들은 현재와 미래의 도시는 높은 문화수준과 글로벌 시장에서 경쟁력을 가진 미래형 고부가가치 산업을 갖추고 있는지의 여부가 도시번영의 성패를 가르는 가장 중요한 요인이 된다는 점을 강조한다. 또한, 최근의 지역발전 트렌드는 거점 도시를 중심으로 광역화 혹은 광역경제권의 형성이 진전되고 있다. 고아역화에 성공한 지역이 국가경제를 주도할 뿐만 아니라 세계 경제에서도 으뜸가는 경쟁력을 가진 지역으로 발전하고 있다. 이는 중국의 상해와 북경, 일본의 동경과 오사카 권역에서 확인할 수 있다. 우리나라도 수도권이 서울을 중심으로 경기도와 인천으로 넓게 펼쳐진 광역경제권으로 인해 발전하고 있는 것에서 확인된다.

김해는 우리나라 수도권을 제외한 최고의 경제중심권역인 동남권의 중심지역으로 발전할 수 있는 무한한 잠재력을 보유하고 있다. 김해는 동남권의 거점도시인 부산과 인접할 뿐만 아니라 주변에 양산, 창원 등 산업생산력을 보유한 도시들과 밀접한 연계를 맺고 있는 지역이기 때문이다. 특히 김해는 국제공항을 보유하고 있으며 신항과 매우 가까운 거리에 있다. 무엇보다 동남권역의 다른 도시들이 가지지 못한 높은 역사·문화적 자원을 가지고 있기에 수준 높은 질적 성장이 가능하다.

물론 미래에도 동남권역의 중심도시는 부산이 될 가능성이 높다. 그러나 부산은 그 자체로 독자적인 동남권역의 비즈니스 및 금융 중심 도시로 발전해 가고 있다. 부산을 둘러싸고 있는 양산, 창원지역은 나름의 산업기반을 토대로 각각 물류 및 교통거점 도시, 첨단기계 및 항만거점 도시로 발전해 가고 있다. 이런 인접 도시의 변화 속에서 김해가 가져야 할 비전은 고부가가치 생산 및 역사문화 거점 도시이다.

특히 김해가 고부가가치 생산거점 도시로 발전해 미래의 일류도시가 되기 위해서는 몇 가지가 중요하다고 생각한다.

첫째, 그동안 빠르게 증가한 김해지역 기업체들의 경쟁력을 지원하는 정책을 펼쳐야 한다. 자료에 따라 약간 다르지만 대략 김해지역에 산재한 6,300개 이상의 기업들의 96%가 종사자 수 50인 미만의 소기업들이며 주요 업종 역시 미래의 신성장 동력 분야와는 거리가 있다고 알려져 있다. 이런 사실은 경상남도의 공식 통계에서도 확인되는데 10인 이상 종사자 수를 기준으로 할 때 2012년 현재 김해의 사업체는 2,126개로 경남의 31.4%를 차지하지만 종사자 수는 61,295명으로 경남의 18.0%에 불과하다. 김해지역은 경남 사업체 수에서 차지하는 비중이 31.4%에 비해 종사자 수에서 차지하는 비율은 많이 낮은 것이다. 부가가치 비중은 더 낮아져 김해가 경남에서 차지하는 비중이 11.9%에 불과하다. 이는 김해에 부가가치가 매우 낮은 영세한 기업들이 몰려있다는 것을 말해준다.

따라서 김해지역 영세한 기업들이 정부나 지방자치단체로부터 요구하는 기술, 자금, 인력 부문에서의 지원정책은 다른 지역과는 차별화하고 집중적으로 펼쳐야 한다. 즉, 김해지역 기업체들이 요구하는 맞춤형 지원정책을 찾아내어 펼치는 행정이 무엇보다 필요하다. 현재 김해에 입지하여 생산 활동을 하며 김해시민들이 일하고 있는 기업의 경쟁력을 높이는 지원정책은 곧 김해시민에 대한 지원정책이고 김해의 미래를 위한 지원정책이기 때문이다. 아울러 김해시민이면서 이들 기업체에 종사하는 인력에 대한 고급기술 습득 및 능력개발 기회를 지역의 대학 및 각종 전문 인력 양성 기관과 협력하여 낮은 문턱으로 폭넓게 제공함으로써 이들 종사자들의 능력개발을 통한 고소득 획득의 기회를 잡을 수 있도록 해야 한다.

둘째, 김해는 중소·중견기업을 키우는 기업하기 좋은 도시가 되어야 한다. 소기업을 중기업으로 육성하고 중기업을 중견기업으로 발전시키기 위한 기업육성정책을 펼쳐야 한다. 기업 사이의 경쟁은 본질적으로 시장에서 펼쳐지고 기업이 스스로 하는 것이지만 가능한 범위 내에서 지역산업정책으로 지역 기업의 단계별 성장을 지원함으로써 김해가 '기업하기 좋은 도시'로 거듭날 수 있도록 해야 한다. 김해에서 사업을 하면 지방자치단체의 도움으로 각종의 정책적 지원을 많이 받을 수 있고 성장하기에 다른 어느 지역보다 유리하다는 평판을 획득하는 것이 매우 중요하다. 이것이 장기적으로 김해의 성장 동력을 유지하고 안정적인 일자리를 보장하며 산업구조 전환을 통해 지속적인 번영을 가능하게 하는 길이 될 것이다.

셋째, 김해는 미래를 기약하는 첨단업종을 육성해야 한다. 통계에 따르면 김해시에 산재한 기업들은 주로 금속가공, 기계장비, 자동차부품 및 고무 플라스틱 업종의 비중이 65%에 이르고 있다. 이에 비해 전자부품, 의료 정밀 등의 고부가가치 첨단산업 비중은 각 2% 미만으로 매우 낮다. 이런 현상은 동남권 주요도시의 일반적인 현상이기도 하지만 대기업은 물론 견실한 중견기업조차 없는 김해의 현실에서 이들 전통업종이 중소기업 형태로, 특히 소기업 형태로 집중적으로 모여 있다는 것은 매우 안타까운 현실이다.

따라서 김해 산업의 고부가가치화를 위해서는 첨단업종을 유치하고 이들 기업을 지원하는 중장기적인 전략을 마련하는 것이 중요하다. 앞에서 말했듯이 김해는 공항을 갖추고 있고 국내 최대의 항만 인프라가 인접해 있으며 주변 도시에 우수한 산업시설이 집적되어 있는 유리한 외부적 여건을 잘 활용해야 한다. 동시에 내부적으로는 치밀하고 체계적인 산업구조 전환 전략, 특히 첨단업종 육성 및 유치 전략을 마련하여 추진함으로써 현재의 산업구조를 첨단 미래 산업 중심으로 변화시켜야 한다.

이를 위해서는 현재까지 김해의 미래 성장 동력으로 선정되어 미약하지만 산업육성정책이 추진되고 있는 의생명 분야뿐만 아니라 메카트로닉스, 정밀기계, 전기전자, 의료 및 신재생에너지 산업분야의 새로운 육성 전략과 국가지원을 이끌어내는 정책이 절실히 요구된다. 양적 성장에서 질적 성장으로서의 산업구조 전환 노력만이 김해를 동남권의 도시들 가운데서도 독자적인 위상과 생존력을 보유한 역사문화도시, 첨단산업도시로 변모시킬 수 있을 것이다.

역사 도시 김해 - 수로왕릉의 맥문동

5. 창조경제의 신성장 동력 스토리텔링

최근 문화유산을 활용한 다양한 콘텐츠들이 큰 인기를 끌고 있다. 영화 반지의 제왕, 해리포터와 같은 콘텐츠들은 문화유산의 가치를 활용하여 막대한 경제적 가치 창출과 국가 브랜드 구축에 성공했다.

프랑스의 작은 도시 '에비앙'은 1970년 한 남자가 이 도시의 한샘에서 나는 물로만 3개월 동안 목욕을 해서 요로결석을 치료했다는 소문이 퍼져 이 도시는 '물의 성지'로 불리며 생수, 스킨, 로션 등을 팔고 있다.

이태리의 작은 수제 구두 전문점에서 시작된 페

라가모의 구두는 마릴린 먼로, 에바 페론 등의 유명인이 신으면서 세계적으로 유명해졌다. '마릴린 먼로 = 페라가모를 사랑한 스타'로 이야기를 만들어서 페라가모 그 자체가 스타와 구두의 역사로 인식되게 만들었다.

국내에서는 최근 드라마 '응답하라 1994'의 효과가 상당하다. 해당시대와 관련 있는 물품들이 각광받고 있다. 추억의 1990년대 의류 브랜드들을 대형마트에서 팔고 있고 이동통신 3사는 삐삐번호 012를 부활시켰고 드라마 내용 중에 소개된 삼천포가 관광지로 부상했다.

누구나가 스토리텔링의 시대를 이야기한다. 어떤 상품이나 서비스, 관광지든 스토리가 없으면 소비자에게 어필할 수 없는 시대다. 스토리텔링은 창조경제 시대에 신성장 동력으로 부각하고 있다.

스토리텔링(Storytelling)은 이야기(Story)와 말하다(Tell)의 현재진행형(ing)이 합쳐진 용어로 '이야기하기'를 의미한다. 하지만 우리가 여기서 주목해야 하는 것은 '현재진행형(ing)'이라는 것이다. 스토리텔링의 현재진행형은 이야기를 다양한 방식으로 상황과 매체에 따라 자유롭게 바꿀 수 있는 변화 가능성과 개방성을 함축하고 있다. 사용자의 참여와 선택에 따라 자유롭게 이야기를 변형할 수 있기에 네버엔딩 스토리가 스토리텔링의 핵심적 특징이다. 또한, 단순히 정보를 전달하는 차원을 넘어서 공급자와 수요자 사이에, 수요자와 수요자 사이의 감성을 공유하고 새로운 감성적 가치를 창출하고 있다.

스토리텔링의 소재는 문화원형이다. 문화원형은 문화현상들의 공통분모로서 전형성을 지니며, 지역 또는 민족 범주에서 그 민족이나 지역의 특징을 잘 드러내는 정체성을 가지고 있다. 또한, 문화원형은 다른 민족이나 지역의 문화와 구별되는 고유성을 띠고 있으며, 각 요소들을 잘 간직한 전통문화이다. 문화원형은 민족, 역사, 예술 등 일반적으로 문화와 관련된 것으로만 생각하기 쉽지만 자연, 생활, 사회, 사고, 언어, 산업 등 모든 분야를 포함한다. 그래서 스토리텔링의 성장성이 무궁무진하다는 것이다.

김해의 스토리텔링의 현재 모습은 어떠한가를 생각해 보자.

김해는 가야 500년의 고도, 2000년 역사 도시 등으로 불리는 인구 50만의 역사문화, 산업의 중심도시로 성장하고 있다. 김해에는 수로왕 탄강설화, 수로왕비 설화, 파사석탑, 황세와 여의 낭자, 무척산 천지설화, 장유화성 설화에서부터 철기문화, 해상교역 등 독특한 문화원형을 보유하고 있다. 또한, 김해 김씨는 가야 김수로왕을 시조로 한 성씨이며 김해를 본관으로 삼고 있다. 김씨는 한국의 성씨 김씨 중 가장 많은 인구를 차지하고 있어 향후 김해의 든든한 조력자가 될 수 있다.

하지만 지금까지 김해 스토리텔링에는 몇 가지 문제점이 있다.

첫 번째는 스토리텔링 상호작용(interaction)의 부족이다. 스토리텔링은 이야기를 만들어 낼 계기를 마련해 줄 뿐만 아니라 상호작용을 통해 다양하고 수많은 콘텐츠를 재생산할 기회를 제공해야 한다. 즉, 스토리텔링을 통하여 스토리텔링 텍스트를 재생산시켜야 한다.

김해 가야문화축제를 예를 들어보자. 김해가야문화축제는 가락국을 건국한 김수로왕의 창국 정신을 기리고 우수한 가야문화를 승화 발전시키며 시민의 화합과 단결을 도모하기 위해 개최된 축제이다. 대성동고분군, 수릉원, 해반천, 봉황유적지에서 개최하고 있으며 춘향대제, 고유제, 혼불채화, 수로왕행차, 주제공연(뮤지컬) 등 매년 40여 개 프로그램을 진행하고 있다.

하지만 여기 제시된 행사장소 및 프로그램 중 전년도 축제의 스토리텔링이 소비자를 만나 자발적 참여를 통해 재생산된 스토리텔링 텍스트가 거의 없다. 원인은 아마도 대부분의 프로그램들이 하향식 계획에 의해 추진되기 때문일 것이다.

두 번째는 스토리텔링 연계성의 부족이다. 김해 가야역사테마파크는 오랜 세월 동안 3국 중심의 역사에 밀려 잘 알려지지 않았던 제4의 제국 가야의 도시를 재현하고 가야의 생활상과 풍속 등을 전시, 공연, 체험을 통하여 보여줌으로써 가야역사문화의 우수성을 제고하고 관광객 유치를 위해 조성 중이다.

2001년부터 추진된 가야역사테마파크는 모두 612억 원을 투입해 김해 어방동 분성산 일원에 179,000㎡

규모로 가야철기문화를 상징하는 철광산, 가야왕궁, 어린이 놀이시설, 가야마당, 김해대로, 드라마세트장 등을 조성하는 사업으로 2015년에 완공되었다. 사업이 표류한 원인으로 드라마 실패, 국비확보 등의 문제가 제기된다.

하지만 가장 아쉬운 것은 가야문화축제와의 연계성 부족이다. 처음부터 가야역사테마파크를 가야문화축제 산출물의 최종적인 목적지로 고려하고 사업을 추진했더라면 50년 가야문화축제 스토리텔링이 가야역사테마파크의 스토리텔링으로 재탄생되지 않았을까 하는 아쉬움이 있었다.

6. 허황후 스토리텔링

문화를 활용한 다양한 콘텐츠들이 큰 인기를 끌고 있는 것과 연관해서 김해지역의 스토리텔링을

김해 한 바퀴 허황후릉에서

고민해 봤다. 먼저 생각나는 것이 허황후 스토리텔링이다.

가락국의 수로왕비 보주태후 허황옥(許黃玉, 허황후로 불림)은 인도 아유타국(아요디아) 출신으로 김해 허씨의 시조이며 189년 147세의 나이로 세상을 떠났다. 가락국의 국장이자 신앙의 상징인 쌍어문은 힌두교에서 사용하는 문양으로 인도 아요디아에서는 지금도 큰 건축물에 흔히 쓰이고 있다. 허황후가 배에 싣고 왔다는 파사석탑 역시 중국이나 인도에서 가져온 것으로 추정되고 있어 허황후의 인도설을 유력하게 하고 있다. 허황후는 역사상 첫 이주여성 왕비로서 국내 최초의 공식적 결혼이민자이다.

2023년 현재 대한민국 외국인 거주자는 2,245,912명으로, 김해가 가장 높은 비율을 가지고 있다.

2000년 전 인도인 허황후의 결혼이민과 현재 국내 외국인 주민비율증가를 스토리텔링 하는 것은 어떨까?

먼저, 허황후가 인도에서 왔다는 점에 주목해야 한다. 오래 전 박근혜 대통령은 인도를 순방했다. 인도 뉴델리에 도착해 동포간담회에 참석하여 대통령은 인사말에서 "한국과 인도는 지난해 수교 40주년을 맞았지만, 양국 교류의 역사는 삼국시대 이전으로 거슬러 올라간다."며 한국과 인도의 깊은 인연을 소개하는 것으로 인사말을 시작했다. 금관가야의 시조인 김수로왕의 왕비가 고대 인도 아유타국의 공주인 허황후로 전해지고 인도의 불교문화가 삼국시대에 한반도에 유입된 점을 상기시킨 것이다.

인도는 어떤 나라인가, 인구 12억의 인도는 독립 이후 자급자족형 개발정책을 추진하여 중국 못지 않은 성장잠재력을 지닌 것으로 평가 받고 있다. 2024년 인도 경제성장률을 6.7%대로 전망되고 있으며, 선진국에서는 2024년 정보 기술 시장 중 가장 빠르게 성장하는 국가로 인도를 꼽고 있다. 또한 철광석, 보크사이트, 망간, 석탄 등의 지하자원 매장량은 세계적이며 이를 기초로 하여 인도는 일찍부터 중공업이 발달했다. MICE 산업 및 의료·관광 분야에서도 성장 유망분야로 각광받으며 성장세를 보이고 있다.

따라서 허황후는 우리나라와 인도의 교류에서 중요한 역사적 사실로 계속 활용될 가능성이 높으며 인도의 정보기술과 의료·관광은 국내산업과도 밀접한 관련성이 있기 때문에 연관성을 가질 수 있는 방안 마련이 필요하다. 허황후를 국내 다문화가족의 상징으로 부각하면서 가야문화축제에 국내 외국인주민의 참여를 확대시키는 것은 좋은 방안일 수 있다.

특히 역사상 첫 국제결혼이라는 것을 활용해 가야문화축제에 세계 각국의 결혼문화 체험, 실제 국제결혼식 진행 등의 프로그램은 지역 고유성에 바탕을 둔 차별적 프로그램이 될 수 있다. 또한, 인도의 역사, 그리고 정보기술과 의료관광 등 현재의 위상 등을 가야역사테마파크에 전시·홍보하는 것도 필요하다. 한국에 온 인도사람들이 꼭 가봐야 하는 특별한 공간으로 꾸민다면 침체되어 있는 가야역사테마파크가 새로운 명소가 될 수 있다고 생각한다.

두 번째는 김해는 교통이 편리하고 겨울에도 날씨가 따뜻하다. 현재 경남에는 남해와 합천 등 많은 곳에서 스포츠 마케팅을 부분적으로 실시하고 있으며 어느 정도 효과를 보고 있다. 김해에서는 2024년 전국체전이 준비되어 있어 국비로 어느 정도 스포츠시설을 완비할 절호의 기회가 창출되었고 이 시설에는 스포츠대회유치를 위해서도 규격에 맞는 시설이 필요하다.

이를 활용하면서 종목별 대회유치와 동·하계 훈련을 유치하는 스포츠 마케팅 등이 굴뚝 없는 신사업으로 김해의 미래가 세계 속의 김해로 가는 길이 될 것이다. 결혼은 웨딩산업이라는 것에 주목할 필요가 있다.

7. 스토리텔링 도시를 향한 과제

김해지역의 스토리텔링을 고민해 보는 과정에서 김해경전철도 하나의 스토리텔링 소재가 되지 않을까 생각해 봤다. 현재 김해경전철이 가진 문제점과 해결방안은 이 책에서도 새롭게 다룰 것이다. 다만 그 고민과는 별개로 문화적 자원으로 활용할 수 있지 않을까 하는 다소 엉뚱한 고민을 이 부분에서 밝혀본다. 그리고 스토리텔링이 가득한 김해를 위해서는 무엇이 필요할까에 대한 해답을 찾아봤다.

관광수요의 증가를 위해 김해경전철을 스토리텔링 할 수 없을까를 고민해 본다.

국내에서 가장 인기 있는 교통수단은 통영의 한

려수도 조망케이블카이다. 통영 미륵산에 설치된 한려수도 조망 케이블카는 길이가 1,975m로 8인승 곤돌라 48대가 연속적으로 탑승객을 운송하는데 아름다운 통영의 섬과 바다 전경을 볼 수 있어 2013년까지 누적 탑승객 700만 명을 넘었다. 통영 케이블카 성공의 가장 큰 이유는 케이블카에서 바라보는 아름다운 자연풍광이다.

또 하나는 홍콩의 교통수단인 트렘(전차)이다. 홍콩섬을 동서로 오가는 2층 트렘은 서민의 발이자 그들의 애환이 어려 있으며 홍콩의 구석구석을

볼 수 있는 관광교통수단이기도 하다. 트렘의 인기는 트렘에서 바라보는 홍콩 시가지의 매력 때문이다.

현재 김해경전철에서 바라보는 풍경은 어떠한가를 한 번 돌아봤다. 통영 한려수도 조망케이블카처럼 자연적인 풍광을 보유하고 있지도 않다. 홍콩처럼 도시의 차별적 매력을 가지고 있지도 않다. 김해경전철이 관광자원화 되기 위해서는 경전철의 변화보다는 경전철 속에서 보이는 대상인 김해시의 도시매력이 증가해야 한다.

최근에 주목받는 도시재생지로는 부산 감천문화마을이 있다. 한국의 마추픽추, 산토리노 등 도시재생의 성공모델로 세계적인 주목을 받고 있는 감천문화마을은 많은 방문객으로 관광명소로 변모하고 있다. 이 마을이 관광명소로 변한 가장 큰 이유는 미로 같은 골목 곳곳에 조성된 미술 프로젝트 때문이다.

  사실 감천문화마을의 미술프로젝트는 통영 동피랑마을 벽화에서 많은 영향을 받았다. 동피랑마을은 2007년 시민단체가 공공미술의 가치를 들고 '동피랑 색칠하기 - 전국 벽화공모전'을 열었고 전국 미술대학 재학생과 개인 등 18개 팀이 낡은 담벼락에 벽화를 그렸다. 벽화로 꾸며진 동피랑마을에 대한 입소문이 나기 시작하면서 사람들이 몰려들기 시작했다. 철거 대상이었던 동네는 벽화로 인하여 관광객들의 발길이 끊기지 않는 통영의 새로운 명소로 변모했다.

  따라서 김해경전철 뷰(view)포인트를 만드는 것은 어떨까, 김해경전철 운행코스를 따라 중요 뷰포인트를 설정해 포인트를 디자인하고 그 디자인을 경전철 내부에서 아름답게 볼 수 있다면 새로운 관광 상품이 될 수 있을 것도 같다. 디자인은 스토리텔링을 통해 건물을 활용한 벽화가 될 수 있고, 아름다운 꽃이 될 수도 있다. 중요한 것은 뷰포인트가 끊어지지 않고 이야기로 이어져야 한다는 것이다.

앞에서 김해 스토리텔링의 문제점을 생각해 보고, 다소 엉뚱하지만 스토리텔링의 소재도 한 번 생각해봤다. 스토리텔링이 가득한 김해를 위해서는 무엇이 필요할까를 생각해본다.

김해는 다양한 문화원형을 보유하고 있으며 스토리텔링의 시도는 많았지만, 지금까지는 김해지역 경제를 견인하는 창조적 콘텐츠로 품격 있는 브랜드화를 만들어내지는 못했다. 그 과정에서 부진한 이유야 많겠지만 기획력의 부족과 김해시민의 적극적인 참여부족이 주요 원인일 것이다.

김해가 스토리텔링도시가 되기 위해서는 먼저 김해시민, 김해시, 전문가가 참여해서 김해 스토리텔링로드맵을 만들어야 한다. 오랜 시간 토론의 과정을 거쳐 모두가 공감하는 로드맵을 마련할 필요가 있다.

로드맵 마련 이전에 현재 상황에서 시급히 추진해야 할 과제가 있다.

첫째, 김해스토리텔링클럽 개설이다. 김해스토리텔링클럽은 김해의 이야기를 발굴하고 논의하는 민간중심의 스토리텔링 창작소로서 동아리처럼 관심 있는 분야별로 온·오프라인을 통해 스토리를 발전시킬 수 있을 것이다.

둘째, 김해 스토리텔링센터 설립이다. 스토리텔링센터는 스토리텔링 클럽에서 논의된 다양한 스토리를 전문가들이 참여해 연극, 뮤지컬 등으로 콘텐츠화하거나 산업화하는 스토리텔링 추진 센터이다.

셋째, 김해 스토리텔링페스티벌이다. 김해스토리텔링클럽을 통해 발굴된 스토리텔링을 김해 스토리텔링센터에서 콘텐츠로 만들고 이것을 스토리텔링페스티벌에서 시연하자는 것이다. 그리고 축제를 통해 보다 폭넓은 김해시민의 아이디어를 얻거나 공감대를 형성할 수 있다.

마지막으로, 김해 스토리텔링 비즈니스센터 설립이다. 비즈니스센터는 사업화와 스토리텔러 양성이 주요 목적인데 사실 독자적으로 만드는 것보다 스토리텔링센터에서 공동으로 수행하는 것이 효율적이라 판단한다. 스토리텔링 비즈니스센터 설립은 김해시의 신규 사업 및 고용 창출에 상당한 효과를 줄 수 있다고 생각한다.

잠자고 있는 김해의 역사문화, 산업, 자연환경, 삶의 원형들에 스토리텔링을 통해서 창조적 생명력을 불어넣는 것은 김해의 100년을 준비하는 중요한 사업이고 스토리텔링을 통해 시대, 세대와 계층을 이어주는 소통의 구심점, 김해의 신성장 동력이 되지 않을까 생각해 본다.

8. 역사·자연·시민이 어우러진 창조도시

 도시를 이야기할 때 많이 듣게 되는 것이 창조도시이다. 도시의 창조적인 힘이 도시의 미래를 결정하는 시대가 되고 있다. 과거에는 도시의 인구, 산업단지, 교통망과 같은 물리적 조건이 도시경쟁력

김해 해반천 풍경

의 중요한 요소로 작용했다. 이제는 시민과 도시정부가 가지고 있는 지혜, 동기, 상상력과 같은 눈에 보이지 않는 창조적인 요소가 더 중요해지고 있다.

창조도시는 시민이 자유롭게 창조적 활동을 함으로써 문화와 산업의 창조성이 풍부하고 혁신적이고 유연한 새로운 문화 생산구조를 갖춘 도시, 또한 독자적인 예술문화를 육성하고 지속적으로 새로운 산업을 창조할 수 있는 능력을 갖춘 도시라고 할 수 있다.

해외의 도시 중에는 이미 1990년대부터 창조도시를 도시의 미래상으로 정하고 이를 실현하기 위한 노력들을 해오고 있는 곳이 많다. 그리고 성공한 창조도시들은 도시의 크고 작음에 영향을 받지 않는다.

스페인의 바르셀로나는 인구 160만의 대도시이

면서 창조적인 문화정책과 도시개발을 통해 유럽의 대표적인 창조도시로 언급된다. 바르셀로나는 창조도시로 성장하기 위해 창조적인 도시개발(창조적 공간 창출)·창조적 이벤트 개최(창조적 시간 창출)·창조적인 산업진흥(창조적 인재 양성)의 세 가지를 융합한 도시정책을 추진했다.

영국의 창조도시로는 게이츠헤드가 손꼽힌다. 이 도시는 제조업이 경쟁력을 잃으면서 실업률이 15%를 초과할 만큼 쇠퇴하던 시가지에 문화에 의한 도시재생 프로젝트를 추진해 세계적인 창조도시로 거듭났다. 도시의 성공 이면에는 지역의 문화·역사·정체성에 기반을 둔 정책 수립, 문화정책 전문가와 시의회 등 다양한 이해 주체들이 만장일치의 원칙에 의한 상호 협력, 외부 관광객의 눈에 맞추지 않고 철저히 주민을 위한 문화서비스를 우선한 혁신이 있었다.

일본 혼슈지방의 가나자와는 전통예능과 전통공예를 바탕으로 독자적인 경제기반을 형성하여 문화와 경제가 균형을 이룬 창조도시의 국제적 모델이 되고 있다. 역사적인 자원이 잘 보존된 가나자와는 도시환경의 역사성은 물론이고 1980년대 중앙정부의 근대화정책에 자영업자와 시민들이 자생적으로 반대하여 스스로의 문화와 전통을 지켜내기 위한 노력을 기울였다. 이러한 시민의식은 현재의 창조도시 가나자와의 기본 바탕이 되었다. 시민들의 예술 활동 참여는 단순히 아마추어 예술가가 많아졌다는 사실에서 끝나지 않았다. 주민들이 창작을 하면서 실제로 그 교육적 효과가 시민의 삶의 질을 높이고, 사회적으로 성숙한 시민의식을 갖도록 하는데 일정한 작용을 했다.

이처럼 창조도시의 모습은 다르지만 모든 창조도시에서 발견할 수 있는 공통점은 도시가 안고 있는 한계를 극복하기 위한 새로운 전략으로 창조성을 강조한 점이다. 그리고 도시개발에 문화적인 사고와 문화적인 계획은 신경제 시대의 핵심적인 개념이며, 창조도시 조성을 위해 문화예술은 주요 자원으로, 창의성은 주요한 방법론으로 다루어졌다.

유럽과 일본의 창조도시들은 사회경제적 변화에 따른 도시내부의 문제를 탈피하기 위해 창조도시로의 전환을 추진했다. 그 과정에서 전통적인 제조업 중심의 산업이 아닌 문화예술이 지닌 창의력을 도시발전의 원동력으로 삼았다. 문화와 예술 활동이 갖는 창의성에 착안하여 자유롭고 창의적인 문화 인프라가 갖추어진 도시야말로 혁신이 요구되는 기술·지식집약산업을 보유할 수 있다고 본 것이다.

김해도 한때 창조도시를 지향했던 적이 있었다. 도시디자인에 특화된 디자인 창조도시를 만들고 유네스코 창조도시 네트워크에 가입하기 위해 당시 많은 노력을 기울였던 것으로 기억한다. 그러나 결과적으로는 원했던 성과를 거두지는 못했다고 평가받고 있다. 도시의 창조성을 근본적으로 확보해 나가는 것보다는 창조도시 네트워크에 가입하는 것을 보여주려 했던 성과 위주의 전략이 그 원인이 아니었을까 싶기도 하다.

김해는 지난 20년간 엄청난 인구 증가와 제조업체의 밀집으로 50만이 넘는 대도시가 되었다. 그리고 이러한 성장은 앞으로도 일정 기간 지속될 것으로 예상된다.

도시의 미래, 김해의 미래를 걱정하는 목소리가 많다. 인구 100만의 대도시를 지향하자는 주장도 있다. 과연 도시의 양적인 팽창만이 목표가 되어야 할까에 대한 고민도 필요하다.

이제는 그동안의 성장을 뒤돌아보고 미래를 위

한 도시전략을 새롭게 짜야 할 때이다. 새로운 도시 발전의 동력을 어디서 어떻게 찾아내고, 상대적으로 소외되었던 시민의 삶의 질을 어떻게 높일 것인가를 고민해야 한다.

김해의 다양한 미래상이 필요하다. 그중에서 창조도시는 하나의 대안이 아닐까 싶다. 김해의 역사적 정체성을 상징하는 가야문화의 유산, 해반천을 비롯한 아름다운 자연, 그리고 젊고 역동적인 다양

한 계층의 김해시민, 이러한 김해의 자산을 활용한 창조적인 도시정책을 그릴 필요가 있다.

창조도시는 갑자기 만들어질 수 있는 것이 아니다. 공간과 환경의 지속적인 정비와 개선, 그리고 혁신적인 산업의 육성과 함께 그 속에서 살아가는 김해 시민들의 삶이 함께 어우러져야 한다.

역동의 도시, 김해

3부

김해 사나이 김정권

김해 한 바퀴 분산성에서...

1. 추운 날 태어나서 살기가 추운갑다

내가 태어난 곳은 김해시 불암동이다. 지금은 얼음조차 얼지 않는 강이 되고 말았지만, 그 옛날 칼바람이 문풍지를 흔드는 서낙동강의 겨울밤은 매섭도록 추웠다. 엇비슷한 집들이 옹기종기 어깨를 맞댄 강변, 낮이면 논밭 갈고 퍼덕이는 고기들을 건져 올리다가도 해만 지면 아랫목을 파고들어야 했다.

60년 1월 12일, 밤새 몸을 틀던 어머니는 통금 해제 사이렌이 울린 지 얼마 지나지 않아 나를 낳으셨다고 한다. 그리 편안한 삶을 살지 못하는 아들을 지켜보며 어머니는 종종 "추운 날 태어나서 사는 것이 힘든갑다"라며 안타까워하시곤 했다.

그날따라 유독 살을 에는 추위여서 산파를 맡은

동네 아주머니가 장작을 몇 단이나 때어도 좀처럼 물이 끓지 않는다고 하셨다.

아버지 '용'자, '집'자, 어머니 박후점씨는 평범한 농부셨다. 농토라야 논 두 구역과 손바닥만 한 밭뙈기가 전부였다. 더구나 강변의 논이란 게 그랬다. 잠깐만 눈을 뗐다가는 논바닥에 물풀들이 그물처럼 엉기고 벼 포기 사이로 갈대가 솟았다. 가을볕은 딸에게 쪼이고 봄볕은 며느리에게 쪼인다는 말이 있지만 봄여름 내내 뙤약볕에 그을리며 가꾼 벼는 장마철 물속에서 녹아내리기 일쑤였다.

부모님의 실제 재산은 몸이었다. 형님 두 분과 누님 아래로 내가 태어나면서 여섯 식구가 되었지만 두 분은 타고난 근골(筋骨)과 부지런함으로 자식들을 먹이고 입히는 데 큰 어려움이 없었다. 자식인 우리에게는 복이었다.

"아무리 어렵더라도 정의롭게 살아야 한다. 남의 것을 넘겨다보지 말아라."

특별한 가훈은 없었지만, 아버님의 당부는 한결같았다. 필요한 것이 있으면 자기 몸에서 구해야 한다. 스스로 노력해 이룬 것이라야 오래 가지 쉽게 얻은 것은 쉽게 없어지는 법이다. 이런 말씀을 아마 수십 번은 들었을 것이다.

필요한 것이라도 정도 이상으로 가지지 말라는 당부 또한 마찬가지였다. 과유불급(過猶不及)이니 넘치다 보면 욕심도 따라 커지는 법이라고 가진 것 중에 혹시 여유가 있으면 아껴 두지 말고 남과 나누라는 말씀이셨다. 그것은 바로 당신의 생활을 그대로 나타내는 말이기도 했다.

나는 자랄 때부터 친구나 후배들의 마음을 이해하고 어려움이 있으면 함께 나누려고 나름대로 애를 썼다. 남에게는 후해도 당신에게는 엄격했던 그 성품을 부족한 대로 우리 형제들 역시 그대로 물려받은 게 아닌가 싶다. 하지만 지나고 생각해 보니 아버님의 말씀 외에 다른 계기도 있었든지 싶다. 어려서 유명(遺命)을 달리 한 동생이 오래도록 가슴에 남아 있었다.

나와는 두 살 터울로 인권(仁權)이라는 동생이 있었다. 부모님의 강골(强骨)을 고스란히 물려받은 나와 달리 막내로 부모님의 사랑을 듬뿍 받으면서도 유난히 몸이 약한 아이였다. 또래들과 어울려 술래잡기라도 하고 노는 것을 보면 처음에는 저만치 앞서 달려 나가다 꼴찌로 처지곤 했다.

그러던 인권이가 어느 날 아침 일어나지 못했다. 몸이 불덩이였다. 마을 가까이에는 의원조차 없던 시절이었다. 놀란 부모님은 동생을 등에 업고 읍내 병원으로 달려가셨다. 한나절이 되어 돌아오신 어머니 등에서 인권이는 여전히 의식이 없었다.

애처로이 앓는 소리만 내던 동생은 결국 며칠 만에 숨을 거두었다. 동생의 목숨을 앗아간 것은 홍진(紅疹)이었다. 요즘 같으면 병이랄 것도 없지만 그처럼 허망하게 동생을 잃은 부모님의 상심은 어린 마음에도 옆에서 바라보기 힘들 정도였다.

특히 나로서는 죄스럽기까지 했다. 어느 집 할 것 없이 부모님이 눈뜨기 바쁘게 일터로 나가시고 나면 어린 동생은 바로 위의 형이나 누나가 건사(乾飼)해야 하는 것이 당시의 생활이었다. 동생이 병을 얻은 것이 마치 내 책임이라도 되는 것 같아서 나는 한동안 아주 풀이 죽어 지냈다. 동생의 빈자리가 자꾸만 눈에 밟혀 매일 어울리던 동무들과 놀기도 싫었다.

그 얼마 후부터였을 것이다. 나는 친구의 동생이든 누구든 가리지 않고 몸이 약한 아이나 또래 집단에서 소외되는 아이들을 챙기고 마음을 써주는 소년이 되어 있었다.

2. 어릴 적 찾은 삼방동

"아아, 알립니다, 알립니다. 김용집씨 댁 막내 정권이를 보호하고 있거나 보신 분은 지금 속히 이장(里長)집으로 연락해 주시기를 바랍니다. 다시 한 번 알립니다.…."

내가 다섯 살 되던 무렵이었다. 어머니는 혼비백산 이장 집으로 달려가셨다고 한다. 동생을 잃어 다시 막내가 된 뒤 유난히 외로움을 타던 내가 그만 사라져 버렸던 것이다.

누나와 형들이 모두 학교에 입학한 후여서 낮이면 나는 다시 외톨이가 되어야 했다. 일터에서 돌아오자 아이가 보이지 않았지만, 어머니도 처음에는 그저 "어디서 놀고 있으려니" 하셨다.

 막상 해거름이 되어도 내가 들어오지 않아 마을로 찾아 나선 어머니는 아이를 보았다는 사람이 아무도 없자 가슴이 덜컹 내려앉으셨던 모양이다. 여름이면 수영을 하다가 겨울이면 얼음을 타다가 아이들이 변을 당하는 경우가 종종 있는 강변마을이라 걱정이 더했을 것이다. 날까지 저물고 있었다.

 급기야 마을 어른들이 나서서 횃불을 들고 '강에 배를 띄운다, 뒷산을 뒤진다.'라며 한바탕 소동이 일었다. 청년 몇 사람은 자전거를 달려 근동(近洞)을 돌았고 곳곳에서 동시다발(同時多發)로 이장들의 마을 방송이 퍼져 나갔다.

 내가 발견된 곳은 지금의 삼방동이었다고 한다. 개발되기 전의 삼방동은 산골이었다. 그것도 한밤중이 되어서였다. 어머니를 찾아 나섰다가 길을 잃었다고 하더란다. 십 리가 넘는 거리다. 걷자면 족히 몇 시간은 걸렸을 텐데 지금 생각하면 스스로도 궁금한 일이 아닐 수 없다.

당시(當時) 나를 찾아낸 어른들 역시 설마 싶었다고 한다. 아이를 완전히 잃었다고 낙심하고 있던 차에 삼방동에서 어린애 하나를 보호하고 있다는 연락을 받고는 반신반의(半信半疑) 달려갔다는 것이다. 다섯 살짜리가 걷기에는 너무 먼 길이었던 탓이다.

"하, 그래도 그놈 맹랑하지. '도대체 어쩌려고 여기까지 왔냐?' 물으니까 울지도 않고 '똑바로 걸어왔으니까 돌아서서 다시 똑바로 가면 집이 나올 것'이라고 하더라니까."

어릴 때 마을 어른들에게서 이 말을 여러 번 들었다. 잔꾀 부리는 재주가 없고 그저 우직하게 앞만

보고 가는 기질(氣質)이 그때부터 그랬던 모양이다.

재미있는 것은 나와 삼방동과의 인연이다. 결혼해서 신접(新接)살림을 난 곳이 삼방동이고 경남도의원 출마할 때 사무실도 삼방동이었다. 자랄 때나 지금이나 가까이 지내는 지인(知人)들의 상당수가 삼방동에 살고 있다. 김해라는 울타리면 어딘들 고향이 아니랴만 태생지인 불암동 만큼이나 삼방동도 살갑게 느껴지는 건 어릴 때의 그 '특별한 추억' 때문인지도 모를 일이다.

그때의 이야기를 알고 있는 삼방동 친구들은 "김의원이 삼방동 사람이 되려고 일찍부터 그렇게 현장 답사를 나왔던 것"이라고 농담하곤 한다. 나도 비슷한 말로 받아친다.

"일찌감치 자수성가(自手成家)하려고 집을 나왔더니 그만 잡혀서 강제 귀환 당하는 바람에 아동기부터 가택연금(家宅軟禁)생활을 했다."

 청년 시절 민주화운동 과정에서 경찰들과 실랑이를 벌이고 때로 닭장차 신세를 져야 했을 때도 이 농담은 좌중(座中)에 잠깐씩 웃음을 돌게 하는 양념 구실을 해 주었다.

3. 눈물로 마감한 가을 소풍날

　초등학교 6학년 가을, 어머니는 운동화 한 켤레를 사 오셨다. 사실 운동화라는 말이 그리 널리 쓰이지 않을 때였다. 그 무렵의 이름은 '베 구두'였다. 얇은 고무신 안팎에 베(헝겊)를 발랐다고 해서 베 구두였는데, 모양은 그럴싸했지만 질기기로는 검정 고무신의 절반도 못 미쳤다. 얼마 신지 않아도 바닥이 닳아 구멍이 나거나 발등의 꺾어지는 부분이 갈라져 버리곤 했다.

　신는 것도 불편한 물건이었다. 산이든 물속이든 전천후(全天候)인 고무신과 달리 뻘이라도 묻으면 씻고 말리기가 여간 귀찮은 일이 아니었기 때문이다.

그런데도 베 구두 한 켤레면 어깨가 한 뼘이나 높아지는 것이 아이들의 마음이었다. 당신의 고무신이 해지면 실로 촘촘 기워 신으시곤 하던 어머니, 어머니는 아마도 지전(紙錢) 몇 장을 손에 쥐고 선암 장(佛岩場·불암동에서 열리는 5일 장터) 신발전 앞에서 한참을 망설였을 것이다. 마침 아버지도 앓아누워 계시던 때였다.

베 구두를 품에 안고 나는 그날 잠을 제대로 이루지 못했다. 다음 날이 소풍이었던 것이다. 내가 다닌 활천 초등학교에는 운동회나 소풍날만 잡으면 꼭 비가 온다는 전설이 있어(자라고 나서 보니 그런 전설은 어느 학교에나 있었다) 밤새 몇 번이나 마당에 나가 하늘을 올려다보기도 했다.

다음 날 아침, 날씨는 화창했다. 매년 가는 소풍 장소인데도 신어산(神魚山) 능선을 오르는 걸음은 작년보다 훨씬 가벼웠다. 1년 동안 그만큼 자라기도 했을 테고 새로 신은 베 구두가 걸음을 더 우쭐 거리게 했다.

학년별 장기자랑이 끝나고 씨름대회가 시작되었을 때 같은 반 아이들은 나의 등을 밀었다. 상대는 목 하나는 더 큰 친구였지만 나의 밭다리 기술에 금방 넘어지고 말았다. 부모님도 그랬지만 나 역시 물려받은 가장 큰 재산이 건강한 몸이었다. 또래들보다 키나 덩치가 크지 않았을 뿐 강단(剛斷)이든 힘이든 나는 누구에게도 밀린 적이 없었다.

"아버지 어머니 다녀왔습니다!"
상으로 받은 공책도 자랑할 겸, 유난히 큰 소리로 인사를 했는데도 소풍에서 돌아오니 집안은 조용했다. 방으로 들어서자 아버지는 이마에 수건을 얹은 채 누워 계셨고, 어머니는 걱정스러운 얼굴로 내려다보고 앉으셨다. 침울한 분위가 느껴졌다.

한참 후에 하교(下校)한 형과 누나가 마을 어른들을 모시고 오는가 했더니 방안에서는 밤이 이슥하도록 수런수런 낮고 걱정스러운 목소리들이 이어졌다. 소풍이 피곤했던지 심상찮은 분위기에서도 깜빡 잠이 들었던 모양이다. 갑자기 터져 나온 울음소리에 놀라 일어나니 머리를 풀어 헤친 어머니의 얼굴이 눈에 들어왔다. 아버지는 그렇게 돌아가시고 말았다.

나로서는 태어나서 두 번째 겪는 죽음이었다. 동생 인권이가 피어보지도 못한 채 꺾였을 때도 충격이 컸지만, 그때는 나도 다섯 살 꼬마였다. 하지만 이번에는 달랐다. 죽음이 무엇인지 깨닫고 나서 겪게 된 아버지의 죽음은 걷잡을 수 없는 상실감과 함께 냉엄(冷嚴)한 현실로 다가왔다.

혼자 몸으로 다섯 식구를 떠맡게 된 어머니는 아예 들에서 살다시피 하셨다. 그래도 집안 살림은 날

이 갈수록 곤궁(困窮)해졌다. 논밭이 하나둘 팔리는가 했더니 어느새 집까지 남의 손에 넘어가 셋방살이 신세가 되고 말았다. 한적한 시골 마을에 불과했던 당시에는 이리저리 떠돌다 흘러 들어온 사람이 아니라면 셋방을 사는 사람이 드물던 시절이었다.

피곤함에 지치고 삶에 지친 어머니가 져야 하는 짐은 그뿐이 아니었다. S대에 다니던 큰형님이 시국사범으로 수배된 것이다. 형님이 S대에 합격한 것은 내가 초등학교 4학년 때였다. 마을이 생기고 처음 있는 경사라고 이웃 어른들도 모두 자기 일처럼 기뻐해 주셨다. 흔히 하는 대로 잔치를 열 만한 형편은 못되었지만, 친지들이며 마을 분들의 축하가 이어져 웃음꽃이 피었던 기억이 생생한데 이제는 시국사범으로 쫓겨 다녀야 한다니, 어머니에게는 아버지를 잃었을 때만큼이나 충격이었다.

4. 낡은 일기장

 해도 너무할 정도의 치솟는 등록금을 버티다 못한 대학생들은 거리로 나와 목소리를 높이기 시작했고, 30~40대 선배들과 종교계 등 시민사회 각계각층이 가세했다. 높은 등록금을 감당하는 학생들에게 기성세대로서 "사과" 한다는 뜻에서 집회 현장에서 사과를 나눠주는 퍼포먼스까지 벌어졌다.

 각종 여론조사를 통해 국민적 열망이 표출되면서 반값 등록금 문제는 국정 최대 현안으로 떠올랐다. 하지만 반값 등록금 촛불 집회에 대한 정치권의 형태는 이해하기 힘든 측면이 많았다. 반값 등록금 문제를 이데올로기 투쟁으로 변질시키고 국민과 대학생들의 입장을 교묘하게 왜곡하는 모양새는 등록금 인하에 적극 찬성하는 나의 입장에서도 실망스럽기 그지없는 일이다. 하여간 2011년 봄의 뜨거운 감자였던 반값 등록금 인하 문제가 이슈가 되면서 나의 중학교 시절이 떠올랐다.

어린 시절, 중학교에 진학할 시기에 나는 차마 어머니에게 등록금 얘기를 꺼낼 수가 없었다. 그렇지 않아도 곤궁하기 짝이 없던 형편에, 시국사범으로 구속된 큰 형님의 옥바라지까지 하며 집안 사정은 더욱 어려워졌기 때문이다. 어머니의 절망도 깊어졌다. "공부는 해서 뭐하노. 나라 걱정하기 전에 지가 기둥인 집안 걱정을 할 일이지. 어미 말을 조금만 들어줬으면 저 고생은 안 해도 될 거 아이가?" 형님 면회를 마치고 돌아올 때의 푸념을 들으며, 나는 중학교 진학하는 게 죄라도 되는 것 같아 고개도 들 수 없었다. 학교 역시 즐거운 곳은 아니었다. 석 달에 한 번 돌아오는 수업료 뒷바라지에도 버거울 어머니에게 차마 돈 이야기를 꺼낼 수가 없었기 때문이다.

 한 번은 교탁 앞에 불러나가 몽둥이세례를 받았다. 왜 수업료를 안 내느냐는 선생님의 질문에 "어머니께 아직 말씀을 못 드렸다."라고 대답한 것이 화근이었다. 사정을 알 리가 없는 선생님은 단순히 내가 신경을 쓰지 않아서 말씀을 안 드린 것으로 오해한 모양이었다. 얼마나 맞았던지 살집이 터져 속옷에 피가 엉겨 붙는 바람에 며칠이나 옷을 갈아입지도 못하고 엉거주춤 걸어야 했다. 삭이기 힘든 분노가 치솟았다. 단순히 선생님에 대한 분노가 아니었다.

 가난에 대한 분노였고, 아무리 땀 흘리고 고생해도 노력만으로 이 환경을 벗어날 수 없는 현실에 대한 분노였다. 우리 반 아이들의 삼분의 일 정도는 납부 기일이 지나서 수업료를 내곤 했다. 사회가 바뀌지 않는다면 먼 훗날에도 여전히 제때 수업료를 내지 못하는 아이들이 있을 것이다. 내 아이들만 제때 수업료를 낼 수 있도록 하는 것도 문제의 해결이 아니라 도피에 불과하다. 중학교 시절에 썼던 낡은 일기장을 오래간만에 펼쳐 본 적이 있다. 시시콜콜한 일과 가운데 눈에 띄었던 대목 중의 하나가 수업료 문제였다. 한참 웃고 떠들어야 할 중학생 나이의 내가 적은 글귀는 "나 혹은 나의 아이가 아니라 우리 모두를 위해 일하는 사람이 되어야 한다."라는 글이었다.

무엇이 그 어린 나이의 나를 이렇게까지 결연한 마음을 먹게 만들었는지는 모를 일이다. 이제 여전히 수업료나 등록금을 걱정할 만큼 돈이 없지는 않다. 그러나 내가 여전히 수업료와 등록금 문제에 관심을 가져야 하는 이유는 모두 다 같이 행복해야 하기 때문이다. 나는 그 옛날 까까머리 중학생 김정권의 바람대로 나의 아이가 아니라 우리 모두의 아이를 위해 일하는 사람이 되고자 고군분투하고 있다.

내가 경남 도의원이 되고 국회의원이 될 거라고는 그 시절에는 꿈에도 생각해 본 적이 없지만 그때의 알토란같은 바람들을 차곡차곡 실현해 나가기 위해서라도 국회의원이 된 게 정말 다행이고 아직도 그 마음을 위해 걷고 있는 것이다.

문화 엽서

 김해를 알면 행복이 보이고 가야를 깨우면 미래가 밝아집니다.

 그리스로마 신화를 통해 가야를 깨우고자 한다.
 그리스로마신화를 보면 텅 빈 공간(카오스)에서 스스로 대지의 신 '가이아'가 탄생했다. 창조를 위한 재료가 바로 흙이다. 흙은 만물을 소성시켜 생산하는 여성이고 음(陰)이다. 그래서 가이아는 하늘의 신 '우라노스'를 낳았다. 하늘은 남성이고 양(陽)이다.

 가야는 '가이아'에서 차음한 동격의 이름이다. 만물의 생산 재료인 흙(구지)을 의미한다. 구지에 대해 스토리텔링이 필요하다. 기존에는 구지의 구는 장수의 의미인 거북이를 상징하며 덕분에(?) 김수로왕이 158세까지 장수하였다.

오래된 미래를 깨우는 관점에서 본다면 구지(求地)는 세상을 구하는 땅을 의미한다. 땅에서 철, 구리, 주석, 석영 등 많은 자원이 생산된다. 분청자기의 원산지가 될 수 있었던 것도 이런 연유로 비롯되었다. 구지봉은 대지의 신이 하늘의 신(에너지)을 만나는 장소이다. 구지봉에서 성화를 채화하는 이유이다. 가야를 깨워 그리스로마와 연결하는 스토리마케팅을 한다면 미래가 밝아지리라…

-허남철(김해학 연구위원, 보건학 박사)

김해학은 우리 마을의 과거 현재 미래를 알아가는 것입니다.

-김명식(김해학 부이사장, 전)김해시의회의장)

김해학은 김해를 스토리텔링 하는 모임입니다.

-양대복(김해학 이사, 전)중소상공인 경남회장)

김해학은 어려운 학문이 아니라 우리 주변 생활 이야기입니다.

-금동건(김해학 연구위원, 환경미화원 시인)

김해학 연구원 가입 후 김해 한 바퀴 하면서 김해를 제대로 알게 되어 김해지역을 다닐 때 뿌듯함이 생겨났습니다.

-최현옥(김해 한 바퀴 회원)

김해 한 바퀴는 김해를 노래하는 모임입니다.

-김숙자(김해학 연구위원)

김해를 제대로 알고 삶의 활력을 갖고자 하시면 김해 한 바퀴 입회를 권합니다.

-이희제(김해학 이사)

김해의 동네방네 다니다 보면 김해의 아름다운 이야기 새로운 문화를 알게 됩니다. 김해 한 바퀴는 삶의 활력소가 됩니다.

-박대현(김해 한 바퀴 밴드지기)

김해에서 많은 단체 모임을 해 왔지만 김해를 제대로 알아가는 김해학 활동 후 지인들이 진짜 김해 사람이 되었다고 하네요. 김해학 모임에 일단 한번 오시면 많은 것을 가져가게 될 것입니다.

−박옥희(김해 한 바퀴 회원. 당당한방병원 실장)

김해 한 바퀴를 하면 김해의 문화유산의 중요성을 알게 됩니다. 어느새 나도 문화 해설사가 되어 김해의 생활이 즐거워졌습니다.

−윤수정(김해학 이사)

김해 한 바퀴를 보며 우리라는 공동체를 다시금 느낄 수 있어 좋았습니다.

−박종태(김해 한 바퀴 응원)

김해에 유적지 탐방 후 인생관이 달라졌습니다. 김해학은 희망이고 살아가는 활력소입니다.

− 성 례(김해 한 바퀴 회원)

어제의 가야와 오늘의 김해, 그리고 내일의 김해는 김해인의 힘입니다.

—안성주(김해학 이사 및 총무구국장. 김해 한 바퀴 회원)

천녀의 발자취 발상지 김해에서 문학의 정수를 누리도록 해요.

—하명호(김해 한 바퀴 회원)

소리가 바깥으로 새어 나올라 목소리를 애써 누른다. 입으로 새어 나오는 소리는 다시 나에게 돌아와 책임을 지게 한다. 백문이 불여일각이요, 백견이 불여일각이며, 백각이 불여일행이라 백번 듣는 것보다 한번 보는 게 낫고, 백번 보는 것보다 한번 깨우침이 나으며, 백번 깨우침보다 한번 행함이 낫다는 것이다. 백문이 불여일견이 백각이 불여일행이 되기까지 번뇌와 고뇌를 번갈아 가며 깨닫게 되며 행함으로써 책임을 지게 되니 학문을 함께하며 견문을 넓히라. 길 잃은 자는 김해학과 함께 하리.

—곽은서(김해 한 바퀴 응원)

발행인의 말

박선해

　김정권 작가는 낮은데서 낮은 데로 사랑의 꽃씨를 심어 위로 피어나는 모습을 가슴 뛰는 마음으로 보고자 한다. 땅을 지면삼고 몸은 연필이 되었다. 찾고 걷고 또 딛고 둘러보고 발길 닿는 곳이 기록이었고 사유와 전망을 잇고 이었던 흔적들이다.

　눈물의 깊이를 알고 아픔의 크기를 안다. 참다운 공감을 하고 진정한 위로를 하며 향기를 향기롭게 한다. 현실에 담담하고 정치에 철학이 있는 김정권 수필가를 대해 본다. 치유와 행복이 공존하는 참 시민사회를 꿈꾸며 이루고자 하는 진정성 있는 목표가 좋다.

누군가 요즘 행복하냐고 물었을 때 그럼요 행복해서 잘 살아 간다고 바로 답하는 사람세상을 위하여 행동으로 움직이며 이루어가기를 한 순간도 방심 없기를 바래본다.

시민사회를 위한 믿음 소망 사랑으로 아낌없는 헌신을 기대하며 그 사려와 열정이 만인을 아우르는 주체가 되기를 희망한다. 시민사랑이라는 밑거름으로 바탕하는 진심을 보며 화이팅을 드린다.

"김정권의 김해 한 바퀴 출간을 축하드립니다."

김정권의 김해 한 바퀴

초판1쇄 발행 2024년 1월 5일

지은이 김정권
펴낸이 박선해
펴낸곳 도서출판 신정

주소 경상남도 김해시 우암로 36
전화 010-3976-6785
전자우편 alkong3355@naver.com
출판등록 김해, 사00008, 2020년 9월 22일

ISBN 979-11-92807-1-1-9 03810

정가 10,000원

* 이 책은 저작권법에 따라 보호받는 저작물이므로 무단전재와 무단복제를 금지하며, 이 책 내용의 전부 또는 일부 내용을 재사용하려면 사전에 저작권자와 도서출판 신정의 동의를 받아야 합니다.
* 저자의 의도에 따라 작품의 보조동사와 합성(=합성명사)어는 띄어쓰기나 방언에 따라 표현이(기타 등) 달라질 수가 있습니다.
* 잘못된 책은 교환해 드립니다.